本书出版获得了湖北省社会科学基金项目（2015089）、教育部人文社会科学基金项目（16YJC630154）和中南财经政法大学一流学科建设项目资助

 中南财经政法大学公共管理文库

中国城市化进程中土地冲突演变机理与治理机制研究

杨 磊 著

中国社会科学出版社

图书在版编目(CIP)数据

中国城市化进程中土地冲突演变机理与治理机制研究／杨磊著.—北京：中国社会科学出版社，2018.9

(中南财经政法大学公共管理文库)

ISBN 978-7-5203-2664-3

Ⅰ.①中… Ⅱ.①杨… Ⅲ.①城市土地-土地管理-研究-中国 Ⅳ.①F299.232

中国版本图书馆 CIP 数据核字（2018）第 124938 号

出 版 人	赵剑英
责任编辑	田　文
特约编辑	丁　云
责任校对	张爱华
责任印制	王　超

出　　版	中国社会科学出版社
社　　址	北京鼓楼西大街甲 158 号
邮　　编	100720
发 行 部	010-84083685
门 市 部	010-84029450
经　　销	新华书店及其他书店

印　　刷	北京君升印刷有限公司
装　　订	廊坊市广阳区广增装订厂
版　　次	2018 年 9 月第 1 版
印　　次	2018 年 9 月第 1 次印刷

开　　本	710×1000　1/16
印　　张	12.5
插　　页	2
字　　数	201 千字
定　　价	55.00 元

凡购买中国社会科学出版社图书，如有质量问题请与本社联系调换
电话：010-84083683
版权所有　侵权必究

目 录

第一章 绪论 …………………………………………………………（1）
　第一节 研究背景和意义 …………………………………………（1）
　　一 研究背景 ……………………………………………………（1）
　　二 研究意义 ……………………………………………………（3）
　第二节 国内外研究现状 …………………………………………（5）
　　一 国外研究现状 ………………………………………………（5）
　　二 国内研究现状 ………………………………………………（13）
　　三 国内外研究述评 ……………………………………………（20）
　第三节 研究思路、内容与方法 …………………………………（21）
　　一 研究思路 ……………………………………………………（21）
　　二 研究内容 ……………………………………………………（21）
　　三 研究方法 ……………………………………………………（23）
　第四节 相关概念的界定与运用边界 ……………………………（24）
　　一 土地冲突 ……………………………………………………（24）
　　二 地方政府治理 ………………………………………………（25）

第二章 研究视角的引入和理论基础 ………………………………（27）
　第一节 转型中的地方政府治理与制度结构 ……………………（28）
　　一 计划经济下的地方政府治理 ………………………………（29）
　　二 改革开放以来地方政府治理转型 …………………………（30）
　　三 当代地方政府治理中的制度结构 …………………………（31）
　第二节 地方政府治理：从经济增长到社会冲突 ………………（35）

一　制度激励与经济增长间的关系 …………………………… (35)
　　二　制度激励与社会冲突间的关系 …………………………… (37)
　第三节　土地冲突研究的政治经济学路径 …………………… (39)
　　一　地方政府及其官员的行为 ………………………………… (40)
　　二　被征地拆迁农民的行为 …………………………………… (41)
　　三　两大主体行为的互动过程和影响 ………………………… (42)
　第四节　本章小结 ……………………………………………… (43)

第三章　土地冲突发生的利益根源追溯 ……………………… (44)
　第一节　权力边界模糊与城市化的推进过程 ………………… (45)
　　一　从"经营企业"到"经营城市" ………………………… (46)
　　二　城市化推进模式：运作过程与手段 ……………………… (48)
　第二节　"土地经营"与城市经济增长动力机制 …………… (50)
　　一　地方政府的土地财政与土地开发 ………………………… (52)
　　二　地方政府在土地开发中的行为逻辑 ……………………… (55)
　第三节　土地收益强势分配下利益冲突的发生 ……………… (57)
　　一　地方政府的强势地位与土地收益攫取 …………………… (58)
　　二　权力与资本联合：强势分配集团的形成 ………………… (61)
　　三　农民的弱势地位与收益分配失衡 ………………………… (62)
　第四节　被征地拆迁农民成本负担与利益再受损 …………… (64)
　　一　土地收益分配中的成本转嫁现象 ………………………… (64)
　　二　失地农民的相对剥削感与利益抗争 ……………………… (66)
　第五节　本章小结 ……………………………………………… (67)

第四章　土地冲突扩散与转化的社会过程 …………………… (69)
　第一节　策略化治理体系与土地冲突的扩散 ………………… (69)
　　一　压力型体制与土地冲突的策略化治理 …………………… (71)
　　二　地方政府化解土地冲突的策略化手段 …………………… (72)
　　三　土地冲突不断蔓延和扩散 ………………………………… (74)
　第二节　征地拆迁和利益分配中的农民抗争 ………………… (75)
　　一　农民抗争的主要方式 ……………………………………… (75)

目录

　　二　农民抗争的目标和特征 …………………………………………（78）
　第三节　冲突压力向下传导与刚性稳定格局 …………………………（79）
　　一　农民策略性抗争与去制度化治理的后果 …………………………（80）
　　二　农民利益抗争的异化与经济利益俘获 ……………………………（81）
　　三　社会秩序的刚性稳定与利益矛盾的积累 …………………………（83）
　第四节　由土地冲突向"土地风险"的转化 …………………………（85）
　　一　土地冲突发生和扩散的诱发机制 …………………………………（85）
　　二　综合作用的后果：土地风险的形成 ………………………………（86）
　第五节　本章小结 ………………………………………………………（88）

第五章　土地冲突问题的田野调查整体描述 ………………………（90）
　第一节　田野调查的基本过程和整体描述 ……………………………（91）
　　一　E市信访局调查过程和对象描述 …………………………………（91）
　　二　其他"三地"的调查过程和对象描述 ……………………………（93）
　第二节　调查区域城市化与土地冲突的基本情况 ……………………（95）
　　一　"三地"城市化和征地拆迁情况 …………………………………（95）
　　二　"三地"土地冲突的基本情况 ……………………………………（97）
　　三　"三地"土地冲突的表现形式 ……………………………………（99）
　第三节　本章小结 ……………………………………………………（102）

第六章　城市化进程中土地冲突演变的实证研究 ………………（103）
　第一节　城市化运行机制与土地冲突的发生 ………………………（104）
　　一　官僚科层取代市场机制：城市化的运作过程 …………………（104）
　　二　土地经营中的"钱袋子"与"官帽子" ………………………（111）
　　三　权力支配与"签协议"：收益分配的合法化 …………………（116）
　　四　农民的"命根子"与利益抗争的发生 …………………………（121）
　第二节　土地冲突的蔓延与扩散机制 ………………………………（124）
　　一　农民的理性抗争与地方政府策略化治理 ………………………（124）
　　二　治理"钉子户"：摆平就是水平 ………………………………（128）
　　三　"不出事逻辑"：土地冲突压力的传导 ………………………（130）
　第三节　土地风险的形成及其对治理实践的影响 …………………（133）

第四节　土地冲突演变与地方政府治理的转型……………（136）
　　第五节　本章小结………………………………………………（140）

第七章　城市化进程中土地冲突的治理机制构建……………（143）
　　第一节　土地冲突治理机制的宏观维度………………………（143）
　　　一　土地冲突治理的目标选定………………………………（144）
　　　二　土地冲突治理的几组关系………………………………（146）
　　　三　调整土地冲突治理的激励机制与约束条件……………（147）
　　第二节　土地冲突治理的微观路径选择………………………（148）
　　　一　明晰政府和市场的边界，发挥市场的决定性作用……（149）
　　　二　改善地方政府的激励结构，约束和监督政府行为……（151）
　　　三　构建合理的利益分配规则，让农民分享土地收益……（154）
　　　四　强化正式治理的协调作用，释放土地冲突的压力……（156）
　　　五　政府职能向公共利益回归，促进被征地拆迁农民
　　　　　市民化………………………………………………………（157）
　　第三节　本章小结………………………………………………（159）

第八章　研究结论与展望………………………………………（161）
　　第一节　主要研究结论…………………………………………（161）
　　第二节　研究创新点与局限性…………………………………（165）
　　　一　研究的创新点……………………………………………（165）
　　　二　研究的局限性……………………………………………（166）
　　第三节　未来之路………………………………………………（167）

参考文献……………………………………………………………（169）

附录 1　田野调查和访谈提纲 1…………………………………（186）

附录 2　田野调查和访谈提纲 2…………………………………（189）

附录 3　调查问卷…………………………………………………（191）

第一章 绪论

第一节 研究背景和意义

一 研究背景

2014年公布的《国家新型城镇化规划（2014—2020）》显示，中国城市化率已经达到53.6%。按照美国城市地理学家诺瑟姆关于城市化三阶段的划分，中国正处于城市化率为30%—70%的加速阶段。随着户籍制度改革和其他束缚城市发展的体制机制障碍不断破除，中国城乡关系将由二元结构下的封闭对立走向一体化格局下的开放统一，人口、资本以及资源要素在城乡间自由流动，城市化高速发展的趋势还将持续很长时间。西方发达国家的历史经验表明，城市化是一个国家走向文明发达的必由之路，也是实现现代化的重要驱动力。John Friedman（2007）认为中国的城市化进程与经济全球化相互交织，是持续地提高经济社会现代性的内源性力量。实践证明，自20世纪90年代以来，城市化使中国市场经济体制更加成熟，社会化分工不断细化，推动着中国经济高速发展和社会结构迅速变迁。经过30多年的发展，中国逐渐发展成为一个城市型社会，城市在区域经济社会发展中扮演着主导角色。

政治学家塞缪尔·亨廷顿（1968）指出城乡关系的变化影响着社会系统的运行，在城市中不断滋生起来的群体对既有利益格局提出了挑战，在走向现代化的稳定过程中，社会秩序将会变得极为不稳定。中国城市化具有时间短、速度快的显著特征，对社会系统造成了较强的干扰和冲击。陆大道院士（2007）用"大跃进"来描绘中国的城市化进程，指出人为的"造城运动"已经超出于城市发展的正常轨道。贺雪峰（2014）也认为中国当下的城市化过于激进，该进程中隐匿着诸多不确定的社会风险。由于缺乏制度化的调节渠道和利益平衡机制，农民未能合理地分享城市化的成果，收益分配不公引起了弱势群体的极大抗争。因此，中国城市化在促进经济社会发展的同时，也带来了诸多的利益矛盾和社会风险，社会系统的内在结构和功能出现了严重失衡，城市化进程中出现了越来越多的社会冲突事件，已成为制约经济社会发展的重要因素。

中国城市化进程中的社会矛盾集中地、典型地表现为土地冲突，它是中国社会转型中一种最为典型和敏感的直接型利益冲突。据统计，群体性上访事件60%与土地有关，土地纠纷上访占社会上访总量的40%，其中征地补偿纠纷占到土地纠纷的84.7%，每年因征地拆迁引发的纠纷达400万件左右[①]。一方面，城市扩张使得农地非农化配置速度加快，在缺乏合理的利益分配机制下，土地收益在不同利益主体间存在着分配不相容的情况，收益分配不公引发了农民和地方政府间的冲突。例如，肖屹、曲福田等（2008）通过对江苏省土地征用的调查表明，农民获得的征地补偿款仅占土地出让增值收益的5%—10%，地方政府和开发商获取的土地收益比例高达80%。另一方面，在土地增值收益分配过程中，由于缺乏利益诉求的合理渠道，处于弱势地位的农民为了获得更多的收益，常常以集体抗争的方式与地方政府进行讨价还价，土地冲突极易演变为群体性事件。

中国的城市化消耗了大量的土地资源，城市密度远远低于欧美发达国家，甚至低于韩国等新兴工业化国家，90%的土地需求依赖征用农村土地[②]。因此，由于城市空间"摊大饼"式地无序扩张，中国城市化需要更多土地作为支撑，土地冲突集中地表现在征地拆迁领域。例如，地方政府为了使城市建设和开发项目尽早落地，强力地征用农民的土地和推进拆迁工作，诱发了农民、地方政府和开发商间的利益冲突；失地农民市民化不充分使其在城市社会中逐渐边缘化；各地频现的"空城""鬼城"更是加剧了土地冲突的强度。美国加州大学伯克利分校You-tien Hsing教授（2012）认为"土地冲突（Land Conflicts）已成为中国社会秩序稳定的关

---

① 新华网门户网站，网址：http://news.xinhuanet.com/local/2013-10/14/c_125532180.htm。
② 城镇密度是指每平方公里上居住的人口数量，请参见国务院发展研究中心和世界银行《中国：推进高效、包容和可持续的城市化》，2014年，第9—15页。

键隐患，是城市化道路转型中的重大政治问题"。在2014年中青年改革开放论坛暨莫干山会议30周年纪念会上，城市化和土地问题成为大会讨论的中心议题。

近几年来，学术界尽管对土地冲突产生的原因和治理路径一直存在着激烈的争论，但却逐渐形成了一个普遍共识：在走新型城市化道路的背景下，土地冲突关系到中国城市化道路能否顺利转型，关系到中国社会稳定和繁荣，它已成为中国地方政府治理议题中亟待解决的重大难题。因此，必须结合中国城市化道路的具体情况，去探究土地冲突演变的内在机理和一般规律。基于中国快速城市化的现实背景，本书所研究的土地冲突是指在征地拆迁过程中，地方政府和农民等利益主体围绕征地拆迁补偿、增值收益分配等环节发生的利益冲突，以及这些利益冲突在治理实践中所衍生出的其他冲突形态，包括农民上访、维权抗争以及群体性事件等内容，以及被征地拆迁农民在失去土地后引发的次生冲突，这些冲突都与土地这一要素具有密切联系。本书紧紧围绕城市化进程中土地冲突这个研究主题，以转型中的地方政府治理为角度，构建一个政治经济学解释路径，探究土地冲突发生、扩散以及转化等演变路径的过程和规律，试图为构建科学的土地冲突治理机制提供理论指导。

二 研究意义

在中国快速城市化进程中，土地冲突充斥着强制性和暴力性，它甚至演变为经济社会系统中复杂的社会风险，已成为城市化健康平稳、可持续发展的重要制约因素。土地冲突不仅是不同主体间围绕收益分配进行博弈的经济问题，随着其发生频率增多、破坏强度增大以及影响范围的延伸，它也是影响地方政府有序治理的政治和社会问题。因此，从地方政府治理角度，对中国城市化进程中的土地冲突展开研究，具有极为重要的理论意义和现实意义。

第一，理论意义。学术界对城市化进程中的土地问题充满了争议，而要避免理论争议的价值预设和情绪主义，就必须通过对实践中的土地冲突这个现实问题进行科学的学理研究，用对现实问题的关怀来推进理论创新和发展。由于中国城市化和其他制度安排的特殊性，土地冲突主要发生在地方政府和农民之间。因此,从地方政府治理的角度,对城市化进程中的土地冲突问题进行研究,它更有利深刻地把握住地方政府和农民这两个利益主体的行为逻辑,这一研究路径具有重要的理论意义:(1)科学地把握城市化和土地冲突的内在联系,从政治、经济以及社会等多个角度总结和归纳土地冲突发生、扩散以及演变的影响因素,研究城市化进程土地冲突演变的内在机理和一般规律;(2)沿着地方政府治理的分析视角,构建一个政治经济学解释框架,将多维的影响因素置于具有统一逻辑关系的分析框架中,通过实证的调查研究,科学地界定影响因素间的内在关系,探索城市化进程中土地冲突演变的微观路径;(3)科学地阐释城市化、土地冲突、地方政府以及制度结构间的内在关系,动态地揭示土地冲突在多维因素作用下的演变过程;(4)以土地冲突作为研究切入点,探索它在地方治理场域下的演变规律,有利于地方公共治理理论的发展,探索地方政府结构和功能的转型,不断适应城市化进程中的经济发展和社会变迁。

第二,现实意义。不断频发的土地冲突事件既是地方政府推进城市化面临的重大挑战,也是地方公共治理实践中亟待解决的现实难题。因此,科学地对城市化进程中土地冲突问题进行研究,是城市化道路转型和地方政府治理创新的客观要求,该研究具有重要的现实意义:(1)对于土地冲突演变机理进行研究,探索土地收益在不同利益主体间的收益分配过程,探讨构建城市化进程中土地收益分配机制,有利于实现利益均衡和维护农民的土地权益,也有利于推进城市化高效、包容和可持续发展;(2)结合田野调查和案例案件,揭示地方政府处理土地冲突的治理过程,探索到土地冲突演变的结构性根源,有利于从根本上揭示中国地方政府治理存在的问题,从而创新土地冲突的治理工具,降低土地冲突对社会系统带来的冲击,维持社会秩序的稳定;(3)透过地方政府治理视角对城市化进程中的土地冲突问题展开研究,既有利于探索中国城市化道路转型的现实路径,也有利于构建制度化的土地冲突治理机制,为推进地方政府职能的转变提供理论依据和指导。

第二节 国内外研究现状

一 国外研究现状

（一）国外关于土地冲突概念和表现形式的研究

土地冲突是一个高度抽象的学术概念，它用来形容与土地有关的利益纠纷、社会矛盾以及群体冲突事。Alston（2000）将土地冲突界定为农民、政府和其他利益主体在土地所有权和使用权领域发生的纠纷或者财产侵害。Cynthia S. Simmons（2004）利用来自拉丁美洲的案例，指出土地冲突是无地农民为了获得土地使用权，通过暴力、侵占等非正规手段来抗争拥有大量土地的大地产阶级，它的实质就是对土地产权归属的争夺。Stephen Baranyi（2006）观察到土地冲突会以战争、群体对抗、社会运动等更为激烈的方式表现出来，甚至会对当地的社会秩序和国家政权产生深远影响。由此可见，从爆发强度看，土地冲突具有微弱、较强以及剧烈等表现；从爆发烈度和后果看，土地冲突既有可能仅造成社会主体间较少的利益纠纷，也有可能引发大规模的群体斗争和社会动荡。因此，Ramirez（2002）从微观到宏观的系统角度将土地冲突划分为纠纷、冲突以及斗争三大类型，并将土地冲突划分为19种不同的表现形式，包括土地收益分配纠纷、所有权争夺以及利益主体抗争等。

由于发展历史和土地制度安排的差异，西方发达国家和亚非拉国家的土地冲突有着极为不同的表现形式。古典主义经济学家认为市场是实现资源配置最有效的工具，土地、劳动力和资本等要素的市场化可以促进城市发展（Yang，2001）。因此，西方发达国家在工业化和城市化早期对土地所有制关系进行了市场化改造，此时的土地冲突表现为传统小农对新兴工商资本家土地剥削的反抗（马克斯·韦伯，2007）。经过几百年发展，当代发达国家土地冲突主要表现为土地规划和利用中成本和收益的分享与负担，国家、地方政府、土地拥有者和公民团体间容易发生利益冲突（John C. Bergstrom，2004）。在许多亚非拉国家，由于土地所有权高度集中在少数资本家和官僚手中，土地冲突主要表现为无地农民为了获得土地使用权和所有权而进行的抗争（Bishnu R. Upreti，2004）。因此，在亚非拉等发展中国家，土地冲突发生的频率和强度远远超过发达国家，已成为影响这些国家走向有序治理面临的"顽疾"。

(二) 国外学者对西方发达国家的土地冲突研究

尽管土地冲突发生频率和影响范围都有限，早期西方发达国家对土地所有制关系市场化改造却不是"和风细雨"的，这个过程中也充满了社会矛盾和利益冲突。英国的"圈地运动"以及大量农地非农化损害了传统农民的利益，出现了城市资本家对农村的暴力剥削，破坏了传统贵族和小农利益，造成了大规模的失地农民和流浪者（Immanuel Wallerstein，1976）。随着工业化和城市化不断推进，尽管英国通过建立社会保障等措施，农民、贵族和地主间的利益矛盾却仍然在很长时期内存在，土地所有制变迁引起的利益冲突是英国当时政治稳定和国家治理中的重要矛盾之一（Kriedte P.，1983）。德国的土地所有制关系市场化改造严重地损害了小生产者和农民的利益，"是对农民群众和无产阶级连续地、有计划地施加暴力和剥削"（吕新雨，2012）。由于美国特殊的国情和优越的资源禀赋条件，其土地所有制改革的道路相对顺利，但一定程度上也产生了较为严重的社会矛盾和冲突，表现为对印第安纳人的土地剥削和西进运动中的利益纠纷（Rodefeld R. D.，1983）。

经过几百年的工业化和城市化，西方发达国家土地冲突的表现形式已经发生了根本性地改变。在比较利益和极差地租的驱动下，土地经营性开发的价值远远大于土地农业经营，大量的耕地转化为工业和城市建设用地，这将导致两方面的土地冲突：第一，由于严格地土地管制和土地规划，土地拥有者不能自由地转化土地的利用方式，农用土地拥有者与非农用土地拥有者间存在着利益冲突（Thomas L.，1991）；第二，在公共设施规划过程中，容易出现公共利益对个体利益的损害，导致公民个体极大的利益反抗。Moote M. A., Mcclaran M. P.（1997）、Mann C., Jeanneaux P.（2009）研究了法国和德国农村土地规划和利用方式转变中的利益冲突，土地具有经济、生态、社会以及文化等价值，土地市场开发只注意到了经济价值，从而导致了不同主体间的利益纠纷，以及个人利益和公共利益间的冲突。为了化解上述形式的土地冲突，发达国家已经建立起了包括合理补偿、开发权转移和价值捕获等内容的完善制度（Danner J. C.，1997）。

西方发达国家对土地所有制关系市场化改造奠定了工业化和城市化的物质基础，实现了农业现代化、工业化和城市化间的协调发展。因此，西方学术界在研究发展中国家土地冲突时，主要利用制度经济学的产权分析作为理论工具。Deininger K. （2009）认为要化解拉丁美洲和非洲国家日益严重的土地冲突，必须对传统土地所有制关系进行市场化改造，实现土地使用权由大地主阶级向无地农民的转移。Haggard S. （1995）也认为后社会主义国家的土地冲突根源于国家或者集体所有制，推动包括土地在内的农村要素市场化改革，是实现经济增长和化解土地冲突的必然道路选择。在新古典或者制度经济学家的理论中，土地私有产权、经济增长和有序治理之间具有完整的内在联系（Steven NS Cheung，1969）。因此，Borras S.M. （2006）总结了制度经济学派化解土地冲突的四种对策：第一，对国有公共土地进行私有化、市场化改造；第二，对国有和集体公共农村进行市场化、社会化管理；第三，发展土地使用权租赁市场；第四，构建土地所有权交易机制。

（三）亚非拉等发展中国家的土地冲突研究

在许多发展中国家，殖民主义留下了所有权高度集中的土地制度，农民缺少土地作为生产资料导致了大量的土地冲突，土地分配不公成为社会运动、农民革命和国家动乱的重要根源（Fitzpatrick D.，2006）。Francis P. （1986）指出20世纪60年代不少非洲国家对殖民主义土地制度进行了改革，通过国家力量建立起国有土地制度，将土地使用权分配给没有土地的农民，建立起严格的土地行政管理制度。土地所有制关系改革的这一价值取向被称之为"国家主义"，它在实践中产生很多的问题：第一，Kagwanji （2009）、Bob U. （2010）指出20世界70年代的以"国家主义"为中心的土地改革适度地解决了农民没有土地问题，共有土地和私有土地的边界不清晰，土地使用权具有很大的不确定性。第二，在高度集中的土地所有权改造时，遭到了原殖民者、部族首领等社会精英的反对，在国家治理中产生了巨大的政治压力。第三，这种土地制度缺乏良好的激励机制，由于土地生产效率低下，产生了严重的粮食危机（Atwood D.A.，1990）。第四，在严格的土地行政管理制度下，政府官员通过权力获得了土地的使用权，甚至是以公共利益的名义将土地所有权控制在手中，土地腐败导致了无地农民和土地官僚之间的利益冲突（Ocheje P.D.，2007）。

为了帮助发展中国家走出日益严重的土地冲突和粮食危机，世界银行于20世纪80年代中期提出了土地制度改革的"市场主义"方案，即通过市场机制实现土地使用权向无地农民流转（Fortin E.，2005）。世界银行的土地市场化改革方案直接体现了自由主义的土地政策，至今仍在亚非拉等许多发展中国家实施，核心目的在于以新的方式保证无地农民享有土地权利，化解这些国家日益严重的土地冲突，主要政策内容为：（1）明晰土地产权，建立土地使用权租赁和所有权流转市场，通过土地资源的流动性增强资源配置的效率，减少行政化管理中的信息不对称和腐败行为；（2）鼓励土地权属自由交易，通过向农民提供贷款资金，按照100%的土地市场价值从地主手中购买土地，以市场化的改革减少政治压力；（3）为私人投资家庭农场设置较低的门槛，通过资本提高农场经营的效率，实现农业生产经营的专业化、市场化和规模化，不断适应经济全球化、农业资本化发展的需要（Deininger K.，2001；Ciamarra U.，2003）。

然而在许多亚非拉国家，土地所有制关系市场化改革不仅没有解决土地公平分配的问题，甚至诱发了其他形式的土地冲突。Borras S.M.（2003）以巴西、哥伦比亚和南非三个国家为例，认为通过市场手段来解决土地所有权高度集中问题并没有带来经济学家预设的效率。Shearer E.B.（1990）总结了拉丁美洲地区国家的经验，他认为土地市场化改革涉及政治、经济和社会等多个要素，由于缺乏民主协商机制，贫困农民无法通过市场获得土地使用权利，市场交易使大量的土地重新集中在资本家和官僚手中。在尼加拉瓜，土地产权并没有平等地实现转移，由于土地流转中信息不对称以及信用机制缺乏，反而导致了更大规模的土地兼并和集中，诱发了无地农民更为极端的抗争（Deininger K.，2003）。在巴西，历史上形成了大地产土地制度，土地所有权高度集中，无土地者往往因贫困而沦为社会底层，不公平的土地分配制度已成为国家不稳定和社会冲突的主要原因（Cynthia S. Simmons，2004）。

Sara Berry（2008）以南非国家为例，指出土地所有制关系市场化改革加剧了社会和政治冲突，官僚们在产权转移中攫取了大量的土地收益。在南非，由于小农在土地市场中无法与大地主竞争，在土地交易费用没有改变的情况下，小农和大地主之间的利益不兼容，小农因无力购买到土地而流离失所（Jacobs P., 2003；Ntsebeza L., 2007）。Tique C.（2001）研究了莫桑比克的农村土地所有制关系市场化改革研究，由于没有建立土地市场交易的相关规则，没有掌握土地契约的小农常常遭到大规模商业型农村组织的驱离，永久性地丧失土地使用权。Borras S. M.（2005、2007）对菲律宾的情形进行了研究，认为它造成了土地权利和财富迅速向精英阶层集中，它破坏了原有的国有土地使用系统，土地权属流转损害了农民的利益，贫困和粮食安全的形式更加严峻。国际土地联盟（International Land Coalition, 2006）指出在经济体系中，随着土地变为经济交易的资产，土地使用者将会更容易遭到具有经济、政治和社会优势群体的侵害，而他们的弱势地位将无法保证他们的土地权利。Toulmin C.（2008）还分析了土地资源市场化配置中市场规则和传统规则之间的冲突。在发展中国家，农民的财产权利观念与现代产权不相符合，地方治理结构不能适应产权变迁，都会引致利益冲突（Sjaastad E., 2009）。

  土地所有制关系变迁为何未能从根本上化解亚非拉发展中国家的土地冲突，这引起了部分西方学者的反思，他们开始系统地探究诱发土地冲突的因素，通过产权分析以外的理论模型来详细地解释。Binswanger H. P.（1997）发现发展中国家不健全的政治制度和治理机制决定着土地产权的实施，通过构建一个土地冲突发生的系统化模型，指出政治过程、物质基础、治理结构、社会行为以及经济环境构成了一个复杂的土地产权实施系统，系统性因素的失衡导致了土地冲突愈演愈烈。Babette Wehrmann（2006）也认为土地产权制度并不是诱发土地冲突的唯一因素，认为政治、经济、文化、社会、法律、行政以及价值观等因素也是诱发土地冲突的重要原因。Lahiff E.（2007）对世界范围内发展中国家土地所有制关系市场化改革政策及其绩效进行了综合性研究，发现这些改革政策存在着诸多问题：第一，它没有从根本上改变土地高度集中的局面，贫困农民的土地权利没有得到满足；第二，土地所有者和无地农民之间的利益冲突仍然严重，土地权利流转破坏自给自足的传统小农利益，大量的失地农民导致了更为严重的土地冲突和社会运动。

（四）国外学者对中国农村土地产权属性的研究

中国与亚非拉国家高度集中的土地产权不同，经过20世纪80年代的家庭联产承包责任制改革，土地使用权顺利地从集体转移到了农民手中，大多数农民都平等地获得了土地。但是，这种改革方式使中国农村土地产权实施更加复杂化，逐渐形成了一个复杂的产权实施规则。运用制度学派产权分析的基本理论和工具，国外学者首先对中国农村土地产权属性进行了理论研究。Wen Guanzhong（1995）对改革开放后的土地产权属性进行了比较详细地研究，认为农村土地所有权和使用权发生了分离，所有权归村集体所有，而农民获得了土地的使用权。这种产权分离激发了农民的积极性，极大地提高了农业生产效率。那么，土地所有权和使用权在农村社会是如何协调和运作的呢？James Kai-sing Kung（2000）对中国农村土地产权制度安排性进行了实地调查，指出中国农村土地产权的内在属性、实施机制以及收益分配方面具有很大不同，缺乏统一且正式的制度规则体系，具有明显的"共有产权"特征，涉及国家、地方政府、村集体以及农民等多个利益主体。在这种"共有产权"的情形下，土地产权的稳定性较低，农民缺乏对土地资源的处置权，村民平等地拥有土地使用权，导致土地产权遭到频繁侵害。因此，Scott Rozelle（2004）认为村集体在农村土地产权交易和执行中发挥着决定作用，农地产权被分割为所有权和承包经营权两个方面，农民缺乏完整的、排他性的土地权利。由此可见，中国农村土地产权属性与西方发达国家和其他发展中国家都不相同，土地冲突也就具有不同的表现形式。

（五）国外学者对中国土地冲突的研究

在探究中国农村土地纠纷和冲突时，Peter Ho（2008）认为中国农村土地产权极为混乱和不清晰，制度规则的模糊性是导致纠纷和冲突的根本来源，不利于稳定生产预期和保护农民权益。在产权模糊的情况下，土地资源的利益相关者利用各种手段相互侵害，处于弱势地位的农民常常难以维护自身权益，从而引致大规模的土地冲突事件。20世纪90年代以来，国外学者将研究视角由传统农村土地纠纷转向到了中国城市化进程中的土地冲突，他们从不同层面来理解土地冲突的表现形式以及运用不同理论和模型来分析其产生的内在机理。Guo X.（2001）指出政府土地征用在中国农村引发了社会冲突。Shenjing He（2008）认为中国城市建设和发展挤占了大量农民土地和农村房屋，而农民被排斥在土地非农化收益之外，在城市化进程中逐渐走向贫困化和边缘化。Wen Guanzhong（2004）、Wu Fulong（2009）认为在集体土地产权制度下，地方政府垄断了土地市场，通过经营性土地开发攫取土地收益，而农民无法利用土地使用权分享城市化收益，从而导致了土地收益分配的不公平。土地作为一种重要的资源要素，农民不能从要素流转和配置中获取收益，已成为当代中国社会不公的重要表现和诱发原因。在集体土地产权制度下，地方政府能够轻松地通过疯狂地卖地获取财政收入和城市建设的资金。因此，You-tien Hsing（2010）指出在中国土地非农化过程中由于利益分配机制的不健全，缺乏对农民利益的保障机制，加上土地产权的不合理，诱发了大量的纠纷和矛盾，已成为影响中国农村社会稳定的重要因素。

George C.S.（2005）指出中国农村土地使用权发生了分离，其结果就是构建起了一个"双轨性"的土地制度管理系统，随着土地市场及其融资平台的构建和发展，土地所有权经由地方政府转由市场配置，地方政府借助这个"双轨性"系统不对称地获利，加剧了农民和地方政府间的利益争夺。Eddie C. M. Hui（2013）在设定集体产权的交易规则下，通过博弈模型分析了"双轨性"系统中地方政府和农民间的行为，地方政府通过土地市场和违规的土地经营，攫取了土地收益的绝大部分，农民又缺乏相应的开发权和监督权，这种利益主体行为不相容是导致中国土地冲突日益严重的重要原因。因此，为了从根本上维护农民的土地权益，合理地分享城市化带来的收益，在政府合理规划和管制的情形下，应学习和借鉴发达国家经验，赋予农民土地开发的权力（Zhu Jieming，2004）；Liu R.，Wong（2012）、Fubing Su（2013）通过对北京地区、广东南海和苏南地区的调查发现，村集体和农民以土地入股或者通过直接将宅基地等集体建设用地投向市场，既有利于保护农民利益和以土地分享城市化收益，又有利于提高土地资源的利用效率，主张中国有土地权利分割走向统一的、完整的土地权利。

尽管德姆塞茨、巴泽尔以及奥尔森等后期的制度经济学家都认为产权交易、执行及其利益分配受到多种因素影响（Demsetz，1967；Barzel，

1997)。但是，国外关于中国城市化进程中土地冲突及其治理方面的研究却依然受到了科斯的产权第一定理影响，认为只要产权是清晰的，无论将产权界定给谁都将会是高效率的，从而忽视了政治、社会以及国家治理等因素对产权的内在影响，导致了产权理论的解释性不足以及适用性不够等问题（Coase，1964）。著名经济学家 Acemoglu（2003）认为应当从政治经济学角度来理解科斯定理，由于受到政治、社会、经济以及文化等因素影响，一个国家和社会有可能选择无效率的制度。从这个理论角度出发可以发现，土地产权制度不完整不是理解中国城市化进程中土地冲突的唯一因素，土地产权的交易以及利益分配还受到来自多种因素的影响。在此影响之下，越来越多的学者开始研究中国集体土地制度下国家、地方政府、村集体以及农民的关系，从多个角度来揭示中国农村土地产权执行的复杂性，由此来揭示土地冲突发生的内生情境。例如，Lanchih Po（2011）研究了村集体在土地产权执行过程中扮演的角色，认为村集体在现有的国家和地方关系下存在着多重角色冲突，既是国家正式权威的代表，又是集体所有制的代理人，这也是引致土地冲突的重要原因；罗伯特·C. 埃里克森（2012）在分析中国传统习俗关于土地产权实施时，惯例化的"复杂地权"制约了市场机制在土地资源配置中的作用，改变了农民土地分配行为和过程。

在这些研究中，越来越多的学者注意到了政府治理因素的重要性，因为它们直接对地方政府的行为施加影响，进而决定着土地产权执行过程和利益分配的结果，它也是产权变迁的重要约束条件（Loren Brandt，2004）。例如，Ray Y.（2009）从基层财政和国家治理能力角度剖析了中国农村土地冲突的原因，现有财政导致了基层政府职能和行为变异，重构财政秩序是化解这种冲突的重要途径。Whiting, S.（2012）也研究了财政制度和土地冲突间的关系，认为地方政府土地财政是引起土地纠纷的重要原因。由于委托代理关系以及乡村治理主体不完善等因素，中国农村土地产权执行和利益分配主要涉及地方政府和农民这两个利益主体，其中地方政府是核心力量。国外文献梳理表明，要深刻地理解土地冲突发生的原因，不仅要看到地方政府在现有产权制度安排下的行为，也要看到包括土地财权在内的政府治理因素对地方政府行为的影响。

二 国内研究现状

中国社会伴随着城市化急剧转型,快速的社会变迁必然引起社会结构和秩序的调整和整合,改变资源要素流动方向和利益分配的格局,这一时期的社会矛盾和利益冲突也将迅速增多。土地冲突作为社会冲突的一种表现形式,是中国社会由传统农耕社会转变为现代城市社会面临的重要挑战。在城乡关系转型过程中,由于中国城乡间原有制度和结构的束缚,利益分化必然带来各种社会冲突现象。随着资源要素在城乡间的流动,城乡间围绕要素市场机制的分配发生了剧烈冲突,它又集中地体现在土地资源配置这个方面。因此,要完整地认识中国城市化进程中的土地冲突,就需要以城乡社会转型和城乡冲突为起点,以城市化为真实情景,全面地展示出土地冲突的表现形式和发生机理。

(一) 中国城市化进程中的城乡冲突研究

社会转型是对社会制度进行结构调整的过程,利益调整必然带来各种社会势力的矛盾和冲突,从而导致社会系统的"结构紧张"(李汉林等,2010)。徐勇(2009)提出了"接点政治"概念来解释农村群体性事件的特征,伴随着社会结构的转型,利益冲突容易发生在那些"政治应力"最为脆弱的"接点"部位。20世纪90年代,中国进入到加速城市化阶段,乡村社会向城市社会转型是最为重要的标志之一。在快速城市化进程中,利益冲突总是发生在乡村和城市的接点上,这一时期的乡村利益冲突与城市化具有很强关联性,也极容易在城市集中、蔓延和扩散。探究快速城市化进程中利益冲突的原因,城乡二元结构是重要的诱发性因素。城乡二元结构是一种复杂的制度体系,它限制了城乡居民之间的身份权利,也深刻地影响着城乡资源交换和流动,导致城乡在公共服务、行政管理、户籍管理以及土地管理方面的制度性歧视(2006,李学)。由于制度路径依赖,城市化进程并没有在根本上实现城乡融合,随着农村劳动力进城就业,在城市中形成了规模庞大的农民工阶层,形成了"城市二元结构"现象(侯力,2007)。胡鞍钢(2012)、白永秀(2012)指出由于国内外市场冲击、计划经济转型以及改革的"极差式"和"分离化"等原因,中国在经济社会转型和城市发展中形成了"四元经济社会结构",即农业部门、乡镇企业部门、城镇正规部门与城镇非正规部门四个国民经济结构，其中城乡间利益冲突极为明显和凸出。

城乡二元结构还导致了农民市民化问题，农民工、失地农民等弱势群体在市民化过程中造成了诸多新的矛盾和冲突。唐根年（2006）认为在可支配收入较低以及市民化"门槛"较高的双重压力下，农民市民化面临着诸多困境。在社会制度、文化以及个体特征等因素影响下，农民市民化面临着"结构"和"行动"的双重困境，在城市社会空间中农民陷入了权利不公和利益受损等社会现实之中（文军、黄锐，2012）。随着农民权利意识崛起，他们感受到了严重的"相对剥夺感"，成为群体性事件的重要来源（于建嵘，2009）。黄艳娥（2010）、刘建平（2011）指出中国城乡冲突进行了研究，认为城乡间在居民就业、生态环境治理、资源征用、公共产品供给、管理体制和文化融合等方面存在冲突，给农村社会发展和稳定构成了巨大挑战。魏小强等（2012）从社会规范角度分析了城乡居民间的利益纠纷，农村居民传统的利益诉求方式不适应城市化中市场化、信息化的要求，导致了城乡居民间的社会排斥。从上述分析可以发现，社会转型中的结构压力、城乡间资源流动与征用以及失地农民等问题都与土地冲突有很大关系，现有理论研究却忽视了这些问题，将其排斥在土地冲突研究之外。

（二）中国城市化进程中的土地冲突研究

当下中国正处于城市化加速阶段，土地问题已成为经济社会发展的重要影响因素，国内学术界首先对土地冲突的表现形式和诱发因素进行了研究。谭术魁（2007）较早提出了土地冲突概念，认为中国在土地承包、流转以及征用等各个环节都存在着利益冲突，诱发因素则包括政治、经济、文化以及行政等多种因素。由于城乡要素市场分割，资源要素由农村单向地流向城市，大规模农业用地转化为非农用，农村征地拆迁冲突是土地冲突中最为主要的表现形式。因此，国内学术界关于土地冲突的研究主要集中在征地拆迁方面。汪晖、黄祖辉（2004）较早地对城市化进程中征地问题进行了研究，揭示了在公共利益界定不清晰下征地冲突发生的过程。在此之后，李洪波（2007）、谭术魁（2010）、邹秀清（2010）等对征地冲突进行了进一步研究，特别是总结了征地冲突过程中地方政府、中央政府和农民的行为。实际上，在征地冲突之外，农村拆迁冲突也是城市化进程中土地冲突的重要表现形式。周飞、陈德鋆（2008）、彭小平（2009）等分析了政府与农民围绕拆迁补偿发生的利益冲突，对这其中的公共利益、定价机制以及利益补偿方式进行了详细研究。

在快速城市化进程中，征地冲突主要表现为极差地租的不合理地分配，导致了农民上访和群体性事件等问题。肖屹、曲福田等通过实证调查发现，农民获得的征地补偿款仅占土地出让收益的5%—10%，地方政府和开发商获取的土地收益比例高达80%（肖屹、曲福田，2008）。早期关于增值收益分配冲突的研究，较多地注意到了"涨价归公"和"涨价归私"这两种政策的逻辑张力（周诚，2006）。张期陈（2010）指出土地增值收益归属是市场运转中的产权问题，政府分享土地收益只是干预和调节方式。在土地增值收益分配的过程中，被征地农民、地方政府、开发商之间存在着严重利益冲突，甚至演变为利益抗争的群体性事件。在中央政府"以保障粮食安全、并保护农民的利益"目标取向下，土地增值收益分配冲突的焦点就集中于地方政府和农民两个主体上（樊纲，2009）。因此，在中国城市化进程中土地冲突表现形式多种多样，与其他亚非拉国家以及发达国家的情形有很大不同，在理论研究中需要对土地冲突进行界定。

（三）中国城市化进程中土地冲突产生的制度原因

在西方产权理论的影响之下，国内学者们更多地从土地产权及其管理制度角度来理解土地冲突现象，主要包括集体产权下利益主体行为不兼容、土地市场二元结构以及法律法规的不合理三个层面，核心就是要通过集体产权制度来理解地方政府的行为，由此说明处于弱势地位的农民土地权益得不到保障的原因，最终导致了土地收益分配失衡。因此，要充分地保障农民土地权益，最大限度地降低土地冲突，最根本的出路就是赋予农民更多土地权益，建立更加细化和稳定的土地产权，最终目的就是确定土地私有产权。

首先，农村集体化土地产权制度不利于保护农民利益。赵阳（2007）将中国农村土地产权的制度特征界定为"共有私用"，产权交易、执行以及利益分配过程缺乏统一的制度规则体系。周其仁（2002）、杨小凯

（2003）、文贯中（2008）等认为中国土地产权界定极为不清晰，农民缺乏稳定的生产预期和良好的内部激励，模糊化的产权设置不利于保护农民土地权利。因此，从法学角度来看，集体土地产权在政治和法律上没有得到合理界定，土地使用规则不包含着确定性原则和限定性、合法性的法律系统，存在着多种"竞争性"的土地规则（张静，2003）。在这样的情形之下，由于农村土地产权安排极为模糊，农民缺乏完整的、排他性的土地权利，也就难以参与城市化进程中土地增值收益分享过程。在实行家庭承包责任制后，农地所有权归农村集体所有，农户以家庭人口为基础取得土地使用权，但产权分割形成了较大范围的"产权公域"，造成了利益主体的互侵行为（肖屹、钱忠好，2005）。

此外，集体产权制度为地方政府策略行为提供了制度空间，他们的产权执行能力比农民要强，通过改变土地利用方式、调整土地供应量和控制土地价格等方式，攫取了土地交易收益流的较大份额。土地产权制度也影响着收入分配过程，农民无法从土地中获得财产性收入。文贯中（2014）指出现行土地产权制度阻碍了土地资本市场的发育，加剧了城乡间和地区间的收入差距，农民被锁定在贫困化之中而日益边缘化。由于土地不能自由地交易，农民进城时导致了大量土地闲置，土地权益缺失束缚了农民在城乡间自由迁移。匡远配（2013）从要素收入流的角度研究了城乡居民收入差距，指出土地净流出对城乡收入差距有正向作用，要素收益流不为民所有、所享不利于农民收入的增长。不少学者认为，加强对农民的产权保护，改善城乡间的收入分配格局，有利于减少社会矛盾和各类利益冲突（张旭昆，2014）。

其次，地方政府垄断土地市场导致土地收益分配失衡。张换兆（2008）从"制度租"角度论证了二元结构下城乡土地资源配置的不公平，它激化了城市国有土地和农村集体土地间的矛盾，两种土地间的价值差刺激了地方政府的征地冲动。城乡二元结构将市场分割为农村和城市，限定了资源要素在城乡间交换流动的方式、价格以及补偿机制，形成了很大的"经济租"。土地征收和征用是中国农村土地转为城市建设用地的唯一合法途径，地方政府通过科层制的层级委托，成为土地交易市场的"合法的"垄断者，通过控制土地交易的资产收益流，获得了土地增值收益的较大份额，农民获得的增值收益十分低（钱忠好、曲福田，2004；张安民，2010）。地方政府垄断了土地一级、二级市场，通过行政性征收、单方面定价等方式实现土地非农化，征地补偿标准却远低于市场价值，农户土地权益必然遭到严重损害（蔡继明，2010）。由于农村土地不能自由地转化为城市建设土地，农民不能分享城市化带来的极差地租收益。因此，二元市场结构是诱发土地冲突的重要制度性因素。

最后，国家土地法律法规制度不健全，既不能约束地方政府在土地交易和利益分配中的行为，又不能充分地保障农民土地权益。土地法律法规是土地资源管理和配置的重要依据，从宏观上规定了土地产权结构、征地程序和补偿标准等方面的内容。柯华庆（2010）从具体法条角度论证了中国土地产权的模糊性，土地管理部门有着自由裁量权的巨大空间。中国土地征用制度在公共利益界定、征地范围划分以及征地补偿方面规定不合理，降低了土地资源优化配置效率，造成了大量的利益纠纷（汪晖，2004；于江华，2004）。中国现行土地征用制度在程序和内容上的不足，为强势利益主体提供了策略行为的制度空间，土地增值收益分配缺乏社会公平，忽视了失地农民土地权利。晋洪涛（2011）通过Rubinstein模型构建了征地谈判讨价还价博弈模型，由于缺乏合理的程序公平，地方政府采用非正式制度削弱了农民的博弈能力，导致农民在征地过程中处于不利地位。

（四）中国城市化进程中土地冲突发生机理的进一步探索

在产权理论的影响下，学术界的主流都主张通过建立更加明晰、稳定以及私有土地产权来化解土地冲突（周其仁，2002；文贯中，2010），但许多学者也对此持反对意见，他们对中国农村土地产权和土地冲突进行了更为详细的研究。首先，不少学者对中国农村产权进行了重新认识。周雪光（2005）提出了"关系产权"概念，认为产权不仅是一束权利关系，它也是一束社会关系，产权执行效果是一个组织与制度环境、其他群体相互联系和适应的结果。在集体土地产权变迁中，价值观念、社会符号、乡土仪式等象征性资本决定着农村土地的产权结构，"象征地权"会影响现代"契约地权"以及相关法律、合同的实施效果（张小军，2004）。马良灿（2009）认为"地权是一束权力关系"，即人与土地、人与人之间的权益和权力关系。在征地补偿款分配中，存在着村集体内部集体成员权和土地承包权之间的矛盾和冲突，两种地权的内在逻辑相互排斥，前者是一种象征型地权；后者是一种契约型地权（李菁、颜丹丽，2011）。臧德顺（2012）提出了"关系地权"的概念，乡村共同体的社会关系决定了土地产权实施的原则和实践逻辑，揭示了农村土地产权实施的社会过程。张曙光、程炼（2012）基于Spence-Dixit-Stiglitz框架的模型分析了中国近60年来的地权变迁，提出了一个关于土地的复杂产权理论。田先红、陈玲（2013）指出应实现从"产权的社会建构逻辑"到"产权的社会结构逻辑"的思路转变，提出了一个"阶层地权"的概念，指出："产权不仅是一个权利界定问题，也不仅仅是个权利实践问题，而且是一个阶层竞争关系问题"。这些关于农村土地产权的学术概念说明，现代产权与经济增长、利益冲突间并不是线性的关系，土地产权的执行以及该过程中的利益冲突受到多种因素影响。

在对土地产权重新认识的基础上，不少学者从乡村治理层面对土地冲突进行了研究。桂华、陶自翔（2011）认为，集体化的农地产权正是维持中国乡土社会稳定的根源，农地产权的明晰化消解了村组集体的权力，不仅没有减少地权的利益纠纷，反而激化了更多矛盾。贺雪峰（2010）在乡村治理层面重新解构了中国农村土地产权运作的逻辑，中国土地资源的分配在于公平，私有产权容易造成土地兼并，地方政府和资本家会以土地产权为名义侵害农民利益，对社会稳定会造成极大的破坏影响，他还认为土地非农化主要集中在发达地区和城郊农村，仅占全国农民的5%，绝对土地产权既不利于保护农户利益；也不利于推动中国经济的发展。土地非农化改变了乡村社会的治理资源，但由于缺乏有效的治理机制，利益输入有可能会导致村组干部自利化行为，"谋地型精英"侧面地反映了这类现象（臧德顺，2012）。受此影响，不少研究乡村治理的学者开始在产权理论之外来解释土地冲突，开始构建起一个完整的解释框架，对学界产生了较大影响。吕德文等（2012）从抗争政治角度来解释征地拆迁事件，将其放置基层治理的场域来解析地方政府和农民的互动，由此说明城市化进程中土地冲突何以如此激烈。贺雪峰（2014）进一步分析到集体土地产权给农民留下了"回乡的权利"，这种制度安排是社会稳定的"调节器",对实践中实现的增减挂钩、建设用地入市等政策提出了质疑,认为这些政策既不能提升经济效率,也不会降低城市化进程中土地冲突发生的频度和强度。

  国内乡村治理研究学者的结论再次表明,诱发土地冲突的因素是多种多样的,从不同研究角度将会得出不一样的结论。赵杰(2010)沿着政治权力和利益博弈的角度研究了土地增值收益分配过程,地方权力高度组织化和社会个体极度分散形成鲜明对比,指出地方权力运行不规范也是诱致土地冲突的重要原因。例如,土地腐败也是诱发土地冲突的重要因素,土地腐败在腐败总案件中的比重不断上升,包括权力牟利、官商勾结等多种形式(公婷、吴木銮,2009)。在地方竞争和财政分权体制下,由于竞争冲动和客观现实压力,地方政府被锁定在土地财政的路径依赖中(刘佳,2012)。因此,地方政府利用土地开发、经营城市等手段获取极差地租,大手笔地推动地方经济发展,但由于利益分配不合理,导致了失地农民市民化进程缓慢,引发了大量的利益冲突。刘建平(2014)对城市化进程中农地非农化进行了详细地研究,在总结前人研究的基础上,他们认为土地冲突主要来源于两方面:一是集体化共有产权设置不利于保护农户利益;二是中国政府治理、村庄治理的结构与功能错位激化了利益矛盾,利益冲突是产权结构不合理和政府治理机制不健全共同作用的结果。杨磊(2015)以一起典型的土地冲突事件为例,在契约地权、关系地权以及象征地权关系地权的基础上,进一步融入中国地方政府治理这一结构性因素,认为"治理"因素也是诱发土地冲突的重要原因,这些因素包括行政权力运行、财政体制、乡村治理等方面,在产权制度之外,它们也限定了地方政府在城市化进程中土地交易和利益分配的行为动机和策略选择。然而,理论界还缺乏一个独立的研究路径来构建起地方政府治理因素与城市化进程中土地冲突间的内在关系,也缺乏一个完整的解释框架。从学理上说,政府治理因素既是诱发土地冲突的原因,也是中国土地制度变迁的约束条件,只有解决了这些制约因素才能更好地化解土地冲突。

三 国内外研究述评

国内外关于土地冲突的研究为本研究提供了丰富的素材和理论视角：首先，国外研究表明土地冲突不仅仅与土地产权属性等微观经济因素有关，它还与国家治理、权力结构以及地方性规范等因素有关；其次，中国城市化进程中的土地冲突受到了学者们广泛关注，国内外学者借用制度经济学的理论，从土地制度安排角度来揭示土地冲突产生的原因，对地方政府和农民的行为分析为进一步开展本研究奠定了基础。此外，社会学家从乡村治理角度揭示了中国土地冲突的特殊性，引起了学界对通过土地产权变迁来化解利益冲突这一政策路径的反思。在文献分析的基础上，我们也认识到现有关于中国城市化进程中土地冲突研究还存在着不足：

第一，当下中国城市化进程中的土地冲突与国外有很大不同，许多亚非拉国家土地产权没有发生分割，高度集中土地产权导致了农民没有土地使用权，由此带来了严重的社会动荡，而中国农民已经获得了较为完整的土地使用权，土地冲突聚焦在非农化利益的分配，因此需要对中国独特的案例进行解释。此外，中国的土地冲突与城市化具有高度的联系，本质是土地非农化配置中收益分配的冲突，这一点与其他亚非拉国家也有很大的不同。

第二，国内很多学者主要通过制度分析方法来揭示土地冲突发生的内在机理，以征地冲突为学术概念作为分析，由此揭示地方政府和农民间的博弈，忽视了利益冲突表现的多样性，简单地将征地冲突描述为地方政府和农民间的对抗，特别是缺乏对地方政府治理和权力结构等其他因素的把握，没有完整地把握利益冲突其他表现形式，从而导致解释力不足、理论适用性不够、政策设计操作性不强等问题。

第三，国外理论前沿指出认识中国城市化进程中的土地冲突需要考虑到包括财政和地方治理等因素，因为这些因素直接地影响了地方政府在产权交易、利益分配以及矛盾纠纷处理中的行为选择，但还缺乏系统化的理论推理和深入地研究；部分社会学者从乡村治理层面来认识土地冲突是一个重要的理论创新，展示出应该从治理角度来理解土地冲突发生的内在原因，但它容易忽视对地方政府行为的合理把握，也忽视了快速城市化这个大背景，既不能完整地展示地方政府和农民之间的利益博弈，也难以动态地观察土地冲突何以产生。

第四，国内研究缺乏对城市化进程中土地冲突发生、扩散以及演变的动态把握，以征地冲突为概念，将地方政府和农民的行为置于博弈模型中进行理论推理。在治理实践中，地方政府和农民在利益博弈中的行为选择是多样的和动态的，除了集体产权的制度规则之外，从经典的制度分析角度看，政府治理因素既是地方政府和农民这两个利益主体行为选择的制度结构，也是两大主体行为互动的现实场域，更是土地产权制度变迁的约束条件，因而需要应进一步通过实证研究和田野调查收集丰富的资料，透过地方政府治理视角构建具有统一逻辑关系的解释框架，进一步丰富土地冲突治理的工具选择。

结合国内外关于土地冲突研究的前沿，本书主要从地方政府治理角度对城市化进程中土地冲突研究机理进行研究，更为深刻地把握地方政府和农民间的博弈行为，阐释土地冲突发生、扩散以及演变的内在规律，从机制设计理论角度完整地探讨城市化进程中土地冲突治理机制的构建路径。

第三节　研究思路、内容与方法

一　研究思路

本研究基于对中国城市化进程中土地冲突的田野调查和实证研究，试图从地方政府治理角度来构建一个具有政治经济学性质的理论解释框架，利用微观数据和案例逐步揭示土地冲突发生、扩散以及演变的过程和内在机理，研究思路如图1-1所示。

二　研究内容

本研究主要包括以下几个方面的内容：

第一，构建一个基于地方政府治理视角下城市化进程中土地冲突演变机理的理论视角。本部分主要是在制度分析的基础上，结合20世纪90年

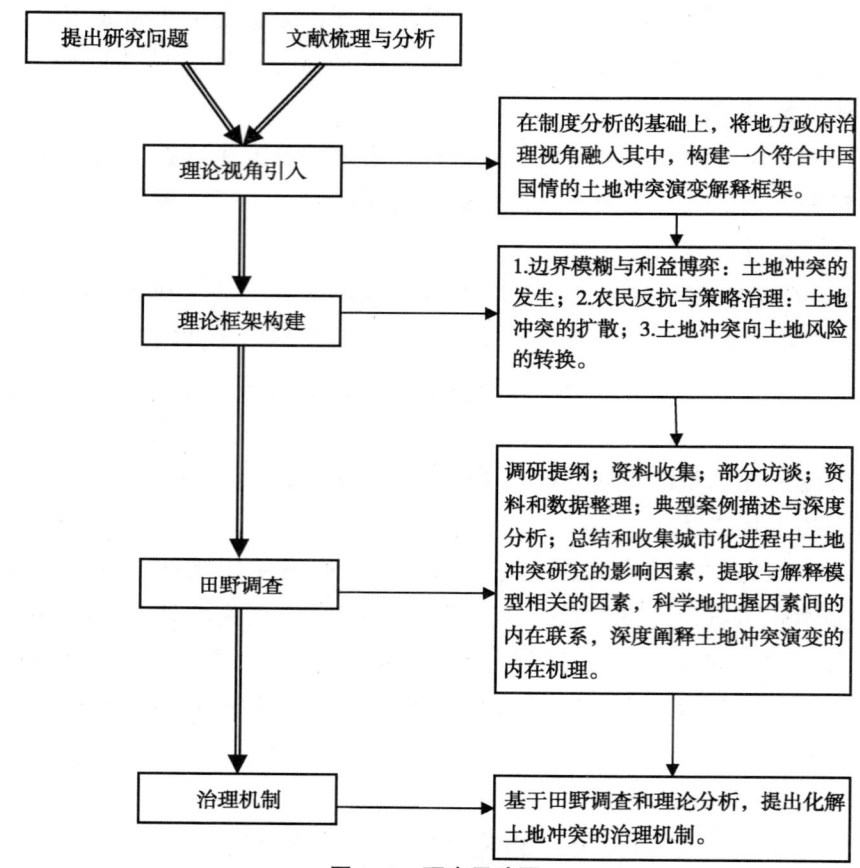

图 1-1 研究思路图

代以来中国地方政府治理结构和功能的变化,特别是在地方政府主导型城市化背景下,揭示地方政府行为在土地冲突发生、扩散以及转变中的内在机理,将"结构—行动"分析融入制度分析之中。

第二,城市化进程中地方政府行为边界模糊与土地冲突发生的经济根源。本部分主要分析以下几个基本问题:其一,在快速城市化进程中,地方政府为何要介入到土地要素的配置过程中,这种行为导致了什么样的结果;其二,当地方政府主导城市建设和发展时,土地收益分配和城市发展成本负担呈现出什么特征;其三,地方政府通过哪些方法来实现不合理的收益分配,农民又为何不能阻止地方政府过高地垄断土地收益。

第三,城市化进程中土地冲突的治理工具及扩散与转化机制的社会过程。本部分主要分析以下几个基本问题：其一，当地方政府和农民间发生冲突时，农民将会通过哪些方式进行抗争；其二，面对日益严重的农民抗争行为，地方政府又将通过哪些治理策略来化解与农民的冲突；其三，地方政府所采取的治理对策在实践中产生了什么样的效果，它为何不能从根本上化解农民的抗争；其四，在现有地方政府治理结构下，土地冲突最终朝着什么样的方向演变，它又带来了什么样的严重后果。

第四，城市化进程中土地冲突的田野调查和实证研究。本部分主要是选择多个地方行政区域作为调查范围，通过访谈、观察以及案例研究等方法，获取中国城市化进程中土地冲突的表现形式、治理过程以及影响因素，以提炼理论命题形式开展实证研究。

第五，城市化进程中土地冲突治理机制的构建。本部分在理论解释的基础上研究土地冲突的治理对策，主要从制度安排和地治理结构调整等方面着手，为地方政府治理创新提供决策依据。

三 研究方法

1. 比较制度分析法

比较制度分析是公共管理理论的重要工具之一，它包括正式制度和非正式制度，限制着人们的行为选择集合，即设定了利益主体面临的激励和约束机制。制度经济学家青木昌彦认为，理解制度的多样性和当代经济的复杂性需要研究在经济、政治、组织和社会诸多场域的制度之间的相互依存性以及联结这些场域的制度性质[1]。本书将在土地冲突的产权制度分析基础上，紧紧地结合地方政府治理这个因素，使对土地冲突的制度分析融入具体的治理场域中，对地方政府和农民的行为描述将更加动态化，使土地冲突治理机制的构建更加符合现实情境和更具操作性。

2. 理论演绎法

演绎法又可以分为解释性理论演绎和规范性理论演绎两种类型，它们在理论研究中各有优缺点，前者从经验生活中观察社会问题，进而提出理论性解释，理论观点较为生动，但容易陷入对问题多样性的过度描述中；

---

[1] [日]青木昌彦：《比较制度分析》，上海远东出版社2001年版，第3—5页。

后者主要从理论推理角度对经验问题进行抽象研究，理论深度较为丰富，但容易忽视客观事件中的材料。本书将这两种理论演绎法结合起来，在规范性理论演绎的基础上，通过田野调查和案例研究等方法，对所涉及的问题进一步揭示，既保证理论研究过程的严密性，又保证理论研究材料的丰富性，这也是未来社会科学的主流研究路径。

3. 田野调查法

本书将选择1个县级市、1个国家级开发区和1个城市新区以及1个地级市信访部门作为田野调查对象，通过访谈法、观察法收集理论研究所需要的资料，在田野中亲身体验城市化进程中的土地冲突，通过掌握大量的经验事实来形成理论研究中的问题意识和观察视角。

4. 案例研究法

为了避免演绎方法中对个体差异的忽视，本书主要的经验事实都来自于对案例的归纳和总结，通过田野调查、深度方法等方法获取和收集资料，结合理论的构建，从地方政府治理角度，完整地提炼出城市化进程中土地冲突的影响因素，为理论推理提供丰富的素材和证明材料。

第四节 相关概念的界定与运用边界

一 土地冲突

土地冲突是一个经过高度概括和抽象化的学术概念，在实践中就是指与土地有关联的利益冲突或者社会冲突，它具有多种多样的表现形式。结合城市化这个大背景，按照土地冲突发生场域、涉及主体以及外在形式等特征，本书所提炼和使用的土地冲突主要包括以下几个方面：第一，征地拆迁冲突，这是土地冲突中的主要矛盾。在城市建设和经营性土地开发中，需要将农村集体土地转换化国有建设用地，地方政府与农民在产权属性转变中发生冲突。本书在调研环节主要选择的是农村和城郊等城市外围地区，拆迁主要是征地过程中涉及的农村房屋拆迁。第二，征地拆迁增值收益分配冲突，这是土地冲突中主要矛盾的主要方面。经济利益是土地冲突的核心，它是利益主体行为的逻辑起点。在中国城市化进程中，通过征地拆迁等方式将农用土地转变为非农用地，由此带来了大规模的增值收益，而如何分配土地收益就成为各方利益博弈的焦点。第三，征地拆迁过程中的农民上访、群体抗争以及群体性事件，这些是土地冲突的具体表现形式，表明土地冲突不仅具有经济利益属性，还具有社会动力和公共治理属性，从土地冲突表现的具体形式中可以观察到地方政府在处理具体的土地矛盾和冲突中的行为过程。第四，社会系统中与征地拆迁有关的失地农民问题和其他次生社会问题，从这些问题中可以观察出土地冲突在治理场域中的扩散与转化等演变路径。

因此，本书使用了土地冲突这样一个学术概念，力图更为完整地揭示中国城市化进程中的征地拆迁冲突以及其他衍生性社会问题，这一点更符合"价值中立"的研究原则，既延续了既有文献对征地冲突的分析，又增加了新的研究对象和研究内容。

二 地方政府治理

地方治理理论是公共管理领域的重要理论之一，但地方政府治理却是一个内涵极为丰富的概念，它的外延也尚未得到明确地界定，本研究中不可能将其所有内涵都纳入到理论研究中，因此需要结合研究实际的需要，对这个概念及其运用边界做具体的限定，本书主要从以下四个层面使用这个概念：第一，地方政府治理中与土地冲突有关的制度规则和其他因素，这实际上是一个制度系统；第二，在这个制度系统中，地方政府和农民的行为选择和互动关系，因为土地冲突的核心在于分析地方政府和农民这两个利益主体的行为；第三，地方政府在化解土地冲突中所使用的治理工具，农民在这些治理工具下的理性反应；第四，土地冲突有地方政府治理造成的影响。概括起来，本书所运用地方政府治理包括治理规则、治理主体、治理过程、行为主体关系与互动以及治理结果，这些都要紧扣土地冲突这个研究主题。

学术界对地方政府行为存在着整体主义和个体主义两种界定[①]，整体主义将地方政府作为一个主体，认为它具有能动性和行为选择；个体主义

---

① 在学术界，经济学者更加强调个体主义分析路径，他们倾向于对官员行为进行分析；而社会学等领域的学者更多地坚持整体主义分析路径，更习惯于使用地方政府行为这个学术概念。

将地方政府行为具体化为地方官员行为。从公共治理角度，本书更多地使用地方政府行为这个概念，也将根据研究实际情况，将整体主义和个体主义两种界定结合使用。本书还需要作出说明的是：从广义上说，中国地方政府包括省、市、县以及乡镇等多个层级的地方政府，本书的调研地点多为地级市、县级市等，甚至还包括国家级开发区和城市新区等地方政府派出机构，应该说这对本书的学术分析并不会造成太多影响。

第二章　研究视角的引入和理论基础

按照制度主义学派的理论，产权安排不合理是中国城市化进程中土地冲突发生的重要原因，源于集体土地产权下地方政府比农民拥有更强的产权执行能力，控制了土地增值收益的绝大部分，利益分配失衡将会引起农民的抗争。制度经济学的产权理论隐含着一个内在逻辑：它假定合理的正式制度限定了利益主体选择集合，通过构建稳定的约束和激励机制可以改变利益主体行为，从而有效地规避机会主义行为和利益冲突。亚非拉发展中国家的经验表明，土地冲突是政治、经济、制度、行政等多种因素综合作用的结果，良好的产权制度只有在健全的治理机制下才能发挥作用。土地冲突的分析为什么需要引入更为宏观的"治理"视角呢？中国地方政府在土地产权交易和执行过程中的行为，既受到微观的土地产权制度设计的影响，也与更为宏观的地方政府治理这一结构性因素有很大关系，土地产权制度仅仅是整个制度系统中的单一性制度安排。在研究城市化进程中的土地冲突演变机理时，不应该脱离它发生、扩散和转化的治理结构和场域，应当去考察地方政府治理这个因素在冲突演变过程中的作用机理。

本章首先从历史的角度回顾了中国地方政府治理结构变迁，从宏观上说明治理结构与社会冲突的部分关联，进一步总结转型时期地方政府治理的特征；其次，研究转型期地方政府治理中的制度结构，阐述转型期地方政府治理中的制度结构、经济增长和利益冲突之间关系，将解释中国改革开放以来经济增长的"政治经济学"框架引入到土地冲突研究中，从而构建起剖析土地冲突频发的"政治经济学"路径，弥补土地冲突产权分析路径之缺陷；最后，进一步说明地方政府治理因素在研究城市化进程中土地冲突的重要性，并整体描绘出基本的研究逻辑，形成本研究的理论基础。

第一节　转型中的地方政府治理与制度结构

中国自封建社会以来就形成了具有"现代性"特征的官僚治理体系，完善科层治理为古代中国经济社会发展奠定了基础，被西方学者称之为"早熟"的现代化特征。作为官僚科层体系重要组成部分的地方政府，在维护社会秩序稳定以及协调社会矛盾与冲突等方面发挥着重要作用。金观涛将中国封建社会组织形式划分为上、中、下三个层次：以皇权为中心的高度中央集权的官僚机构是上层组织；地方乡绅自治是中层组织方式；宗法家族和家庭是中国封建社会最基层的组织，三个层次构成了中国封建社会"超稳定结构"的制度基础[1]。自秦以来，在职能分工、层级划分的基础上，中国逐渐构建起了稳定且完善的官僚科层治理体系，且日益分化出中央政府和地方政府两个治理主体。在封建社会，地方乡绅是"皇权"在地方治理中的重要代理人，他们在地方治理中拥有较大的自主权，在维护地方秩序、提供地方性公共产品以及汲取税收方面发挥着重要作用。

地方政府治理是国家治理的重要组成部分，是中国近代以来国家转型的重要内容，也是理解社会冲突的重要维度之一。例如，在20世纪初叶，中国传统社会的地方政府治理结构彻底遭到瓦解，军阀主义造成地方政府治理瘫痪，传统的乡绅阶层无法实现各方利益的整合，军阀们从农民那里攫取大量的经济利益，成为底层社会矛盾和利益冲突的重要来源[2]；为了应对严重的内外部社会危机，中国只有构建起完整地政府治理体系，才能动员更多的资源支持经济发展和战争损害，国民政府于20世纪20年代强化了国家政权建设，在强化中央政府权威的同时，又通过将科层权力向县以下的乡延伸来完善地方政府治理体系。由于地方主义和军阀割据等原因，国民政府无法通过政权建设实现社会整合，难以从农村地区汲取税收和其他经济资源。一方面，持续的战争使国民政府加强了对农村资源的索取，这严重地增加了农民税收负担；另一方面，由于当时中央政府根本无

---

[1] 金观涛：《开放中的变迁：再论中国社会超稳定结果》，法律出版社2011年版，第7—11页。
[2] [美]吉尔伯特·罗兹曼：《中国的现代化》，江苏人民出版社2010年版，第69—73页。

法有效地控制地方,传统乡绅和宗法社会又遭到解体,流氓、地痞以及乡村混混等势力进入到正式治理结构中,从农民身上攫取各种经济利益,致使地方政府治理出现了"掠夺型政府""庇护型政府"等内卷化现象,农民和地方权力精英之间存在着极大张力和利益冲突[①]。

因此,梳理和总结当代中国地方政府治理的特征对认识城市化进程中的土地冲突至关重要。首先,产权制度作为一种微观制度设计,其有效地执行受到中观治理结构的影响,即地方政府治理结构在中国农村土地产权实施过程中扮演者重要角色;其次,中观的治理结构本身也是一种制度安排,制度间的相互调适和作用决定着利益主体的行为,也影响着利益冲突的调节和解决,即地方政府治理结构影响着土地产权实施的利益分配,作为利益冲突的重要协调者,地方政府行为影响着利益冲突的演变。因此,产权制度安排只有透过地方政府治理这个结构性因素才能发挥作用,而问题核心在于把握这些因素与土地冲突之间的内在联系。

一 计划经济下的地方政府治理

自 1949 年以后,中国加快了基层政权建设步伐,通过广泛的社会动员、群众运动、土地改革以及农业合作化等方式,国家和地方政府治理突破了传统"皇权不下乡"的传统,正式权力科层组织向更低层级的乡村社会延伸,中央和地方关系被纳入到垂直化的治理结构中。在计划经济时代,中国整个社会结构呈现出"总体性支配"特征,国家控制着政治、经济以及社会等各个领域的资源[②]。在国家和地方治理领域,官僚科层组织自上而下地嵌入到底层社会。中央和地方间缺乏明确的界限和分权,地方政府尽管拥有一定的自主权,但在广泛地社会动员和革命运动背景下,权力仍高度地集中在中央政府。

由于科层权力组织向各个领域的扩展,中国此时的科层治理结构具

[①] [美]杜赞奇:《文化、权力与国家:1900—1942 年的华北农村》,王福明译,江苏人民出版社 2010 年版,第 100—110 页。

[②] 渠敬东、周飞舟、童星:《从总体支配到技术治理——基于中国 30 年改革经验的社会学分析》,《中国社会科学》2009 年第 11 期。

有两方面的特征：第一，呈现出"蜂窝状"式的结构特征，中央和地方间以纵向的"条条"为主，地方依附于高度集权的中央政府，缺乏向地方政府分权和授权，中央和地方是单一的委托—代理关系；第二，科层管理系统的规模极为庞大，政治、政府以及市场的边界模糊，各领域都缺乏相对独立的自主权。在这种高度集权的单一化治理结构下，由于多重委托代理和信息不对称的问题，中央既没有解决地方政府行为自利化问题，也降低了地方政府发展经济、提供公共服务以及增加财政收入的动力[1]。一方面，由于信息不对称等原因，当中央意识到地方政府治理存在问题时，不得不依靠革命、阶级斗争、群众运动等方式突破官僚体制常规治理的束缚，结果就是造成社会秩序的长期混乱和动荡不安；另一方面，由于激励不足、政治控制以及体制机制束缚，地方政府难以将精力放在经济建设方面，造成越来越多的社会矛盾和危机在整个社会积累和酝酿。

二 改革开放以来地方政府治理转型

改革开放以来，中国地方政府治理结构发生了深刻地变化。为了调动地方政府发展经济和提供公共产品的积极性，适应社会主义市场经济发展需要，中国对整个国家治理结构进行了改革，确定中央、省、市、县、乡等治理层级，特别是通过分权化改革赋予了地方政府更多的自主权限。自20世纪80年代以来，向地方政府分权的改革经历了从单一分权向系统化综合分权的变化，它对地方政府治理产生了深远影响。首先，从中央与地方关系看，地方政府获得了更多权力。随着中央政府将越来越多的权力下放地方，地方政府职能范围和管理权限大幅度地增加。例如，地方政府获得了大量的经济管理权限，部分由中央提供的公共产品也转由地方政府提供。其次，市场力量不断发展，改变了计划经济体制下资源的配置方式和利益分配格局。倪志伟（Veter Lee）认为向地方政府分权促进了行政社会

---

[1] Holmstrom B. and P. Milgrom. Multitask Principal-agent Analysis: Incentive Contracts, Asset Ownership, and Job Design. Journal of Law, Economics, and Organization, 1991 (7): 24-51.

向市场社会的转型，市场机制扩张减少了官僚对资源配置的影响[①]。最后，社会自治力量也得到发育。政治学者皮特·埃文斯在研究中国经济增长时，指出中央向地方的分权使地方政府治理由"嵌入式控制"转变为"嵌入式自治"（Embedded autonomy），"国家中心主义"的治理逻辑逐步得到扭转[②]。因此，按照国家政权建设理论的观点，中国地方政府运行自主性增加是国家管理走向理想化的重要标志[③]。

中央向地方分权逐步改变了计划经济体制下权力高度集中和政策执行的僵硬局面，地方政府拥有更强的行动动力和灵活性。由于中国向地方政府分权的改革采取了渐进主义方式，计划经济体制下高度集中的官僚科层体制并没有得到根本性改变。从行政管理体制内部角度看，在用人权、财权和事权等方面发生了分离，人事安排权仍高度集中于科层体制的上级，财权和提供公共服务等权限通过层级发包的方式被转移到地方政府，由此形成了"既高度集权又高度分权"的治理结构[④]。这一点在中央和地方关系上表现最为明显，自分税制改革以来，中央政府在人事、财政等方面拥有的权限和资源远远高于地方政府；从政府、市场与社会关系来看，政府权力仍在一个高度封闭的系统中运行，直接影响着资源要素的配置和流动，尚未建立起成熟的市场经济体制，社会力量依然十分薄弱，政府权力缺乏来自政府和市场的平衡和约束。因此，转型中的地方政府治理呈现出"高度封闭、高度集权和高度分权"的结构特征。

三 当代地方政府治理中的制度结构

"高度封闭、高度集权和高度分权"的地方政府治理结构具有很强的矛盾性，它却根植于中国转型期治理的历史背景和现实条件下，它既遗留

[①] Veter Nee. A Theory of Market Transition: From Redistribution to Markets in State Socialism. American Sociological Review, 1989, 54 (5): 663–668.

[②] Peter Evans. Embedded Autonomy: States and Industrial Transformation. Princeton University Press, 1995, pp. 13–14.

[③] 杨雪冬：《市场发育、社会生长与公共权力构建：以县为分析单位》，河南人民出版社2002年版，第25—30页。

[④] 周黎安：《转型中的地方政府：官员激励与治理》，格致出版社2009年版，第5—30页。

了计划经济体制下的某些特征，又朝着适应市场经济体制的治理机制不断转型。这种治理结构特征并不是空洞的，它在实践中演化出多种多样的制度安排，它们相互交织、相互作用，最终构成了一个复杂的制度结构系统，成为影响地方政府行为选择的重要因素。从制度结构角度来看，"高度封闭、高度集权和高度分权"的治理特征主要表现在以下几方面。

第一，官员锦标赛体制，加剧了地方政府横向间的竞争。在高度集权的行政管理体制中，中国地方政府及其官员在绩效考核、职位晋升等方面存在着激烈的竞争，由此便在封闭的科层体制中就衍生出了"锦标赛体制"。Lazear 和 Rose 在研究企业人员激励时发现，职位晋升及其所带来的工资增长幅度，对于位于该等级以下的人员有较大的影响[1]。在政府治理领域，"锦标赛体制"是上级政府对多个下级政府部门的行政首脑设计的一种晋升竞赛，考核指标包括经济增长、社会治安、安全生产、信访维稳以及其他临时性任务。改革开放后，地方政府间的竞争主要集中在经济领域，中央政府围绕以经济增长为中心设定了地方官员晋升考核的评价指标体系，通过这样的锦标赛体制对政府官员进行逐级淘汰。在锦标赛体制中，中央政府会在经济上向地方政府大规模放权，通过各种方式鼓励和促使地方政府在主要的经济指标上展开竞赛[2]。

第二，地方分权的科层体制初步形成，地方政府自主性显著提高。地方政府在经济领域拥有较大的资源优势和行动能力，官员们利用手中控制的资源推动经济发展，为辖区内居民提供公共产品等社会福利。这种自主性类似于西方多中心地方治理体系的"联邦制"，地方政府甚至掌握着大量的经济管理权限以及较为独立的财政管理体系，在地方性公共事务以及利益冲突的协调中发挥着重要作用。地方政府治理的自主性体现为其"行为的联邦制"，它可以自主地决定辖区内的经济社会事务，通过发展地方经济获得财政税收收入[3]。因此，随着地方政府权力的不断增强，不同层

---

[1] Lazear E. P., Rosen S. Rank-Order Tournaments as Optimum Labor Contracts. The Journal of Political Economy, 1981, 89 (5): 841-864.

[2] 周飞舟：《锦标赛体制》，《社会学研究》2009 年第 3 期。

[3] 郑永年：《中国地方政府行为的联邦制》，东方出版社 2014 年版，第 1—10 页。

级间的政府部门既有命令与服从的关系，也有相互合作、协商谈判等新型关系，中央政府需要依赖地方政府去贯彻和执行相关的政策。此外，由于行政权力仍能够支配大量资源，通过突破既有的行政障碍和制度约束，中国地方政府的行动范围和能力甚至比西方发达国家的地方政府都更广、更强，它既拥有包括行政权力在内的体制内资源，又可能通过权力获取"体制外资源"，从而在经济发展中掌握大量的经济利益。

第三，压力型体制。在以经济增长和GDP为中心的观念引导下，地方政府面临着来自科层系统内部自上而下的压力，决策权仍高度集中于科层内部，科层等级越高拥有的权力越多，最终演变为一种独具特色的"压力型体制"①。为了完成上级指定的各种目标，它包括经济发展、社会安全以及公共产品供给等多个方面，各级政府都通过量化的评价向下一级政府分配任务，最后演变为任务目标层层分解和加码、压力层层传导的治理态势，使县、乡等基层政府组织面临着巨大的行政压力。"压力型体制"的形成与两大因素有关：一方面，地方分权化改革并没有从根本上解决中国传统官僚体制权力高度集中问题，"倒金字塔"式的科层结构导致地方政府承担着更多的"事权"；另一方面，它与计划经济向市场经济转型有关，遗留下的计划体制习惯于通过指标、指令和命令等方式向下指派任务，上级部门根据指标实现的情况对地方政府进行奖励，同时通过"一票否决"的形式在行政系统中构建起惩罚机制，只要地方政府部门在某个指标上考核不合格就要受到惩罚。

第四，预算软约束体制，地方政府能够独立地控制财政收支体制。经济学家亚诺什·科尔奈在研究国有企业资金预算时，提出了"预算软约束"（solf budget）这个经典概念，主要是指提供给国有企业的资金未能按原有商定的契约进行使用，政府不断追加补贴或者投资，企业资金的运用远远超过了企业当期收益的范围②。中国20世纪80年代的财政包干制的目标在于解决这种体制的弊端，但在实践中软约束问题不仅没有得到解

---

① 荣敬本：《从压力型体制向民主合作体制的转变》，中央编译出版社1998年版，第28页。
② ［匈］亚诺什·科尔奈：《短缺的经济学》，张晓光、李振宁等译，经济出版社1989年版，第9—12页。

决，由于各地方政府的预算外收入显著的增加，此问题反而越来越严重了[①]。在"预算软约束"的财政体制下，地方政府能够从经济发展中获益，他们有着很强的动机去培植地方企业。20世纪90年代的财政分权改革中，中央在财政收支上进行了一定的集权。尽管分税制改革的实质是中央再次集权，它却没有从根本上解决这种体制性弊端：一方面，中央政府通过分税制改革重新掌握了大量的财源，从而增强了中央在央地博弈中的力量，地方政府占全国财政收入的比例显著下降；另一方面，中央政府为了降低改革的阻力也对地方政府作了妥协，既保留了地方政府原有的税基，也允许地方政府存在着大量的预算外收入。随着城市化进程的加快，土地出让金成为地方预算外收入的重要部分。地方政府从土地交易中获得大量收入，由此便生了"土地财政"的问题。

第五，弱小的公共参与，地方政府面临着较为宽松的权力监督和约束体制。在由计划经济向市场经济转型的过程中，政府和社会的力量相互"嵌入"，政府力量却依然控制着资源权力的分配和社会地位的流动，地方政府治理呈现出"总体性依附"的特征[②]。社会个体的组织化和公共参与程度比较低化，社会组织发育还不成熟、力量十分薄弱，难以参与到公共事务治理的过程中。因此，地方政府的行为自主性得到进一步增强，在公共事务治理中发挥着决定性作用：一方面，由于信息不对称、监督成本较高等原因，在垂直的行政系统内部难以建立起完善的监督体系，地方行政长官就可以自主地制定区域发展战略；另一方面，由于缺乏社会力量的公共参与，地方政府治理也就面临着减少的外部约束和监督，能通过行政权力对辖区内的资源进行整合。例如，在经济建设和公共产品供给的过程中，由于政府的强势地位和弱小的公共参与，公众的偏好难以进入到政府议题之中。

由此，我们可以概括出转型期地方政府治理中制度结构的具体表现：(1)官员晋升锦标赛体制；(2)权力运行高度自主性体制；(3)压力型体

---

① 周飞舟：《生财有道：土地开发和转让中的政府和农民》，《社会》2007年第1期。
② 刘建平、杨磊：《中国城市基层治理变迁：困境与出路——构建一种"嵌合式治理"机制》，《学习与实践》2014年第1期。

制；(4) 预算软约束体制；(5) 弱化的监督和约束体制。当然，地方政府治理中的制度结构具有丰富内容，上述 5 个方面只是一些较为显著的表现形式，这些制度结构之间既相互联系又具有不同的表现形式[①]，这些制度结构在治理实践中，会衍生出多种多样的具体制度安排。

第二节 地方政府治理：从经济增长到社会冲突

制度经济学家道格拉斯·C.诺斯在解释制度、制度变迁与经济绩效时指出，制度塑造构造了人们在政治、社会或经济领域里交换的激励，它限定了利益主体的选择集合，合理的制度能够降低交易成本，是经济增长的内生源泉[②]。中国地方政府治理转型本质上就是制度和体制的转型，通过机制的重新设计改变计划经济下政府管理体制的弊端。因此，海内外有不少学者通过转型期地方政府治理中的激励机制来解释改革开放来中国经济高速增长的内在原因，也逐渐地意识到这些激励机制带来的社会问题。

一 制度激励与经济增长间的关系

海外一些研究中国问题的政治学和社会学方面的学者首先注意到了地方政府治理转型与经济增长间的关系，最后引起了海外经济学者的广泛注意。在组织经济学的分析视角中，地方政府拥有更多的信息优势，对地方性知识和居民偏好更加了解。地方分权式治理结构重塑了地方政府面临的激励机制，地方官员有强烈的动机运用本地资源去发展经济。例如，倪志伟 (Veter Nee) 较早地认识到了政府治理转型对经济增长的变化，他认为政府治理转型减少了行政权力对市场运行的干预，地方政府掌握了更多的经济管理权限，市场机制发展又反过来促进政府治理进一步转型，从而实

[①] 本书将更多地在宏观上使用制度激励结构这个概念，它是一个复杂的制度系统，在此提出这 5 个方面的内容只是为了下文分析的方便。在治理实践中，上述 5 个方面的制度结构具有极强的内在联系，为了分析的合理性，本书在分析过程中力求做到正确区分它们之间的边界，避免变量之间相互交叉。

[②] [美] 道格拉斯·C.诺斯:《制度、制度变迁与经济绩效》，杭行译，上海人民出版社 2008 年版，第 1—3 页。

现治理转型与市场转型的互动①。斯坦福大学政治学教授戴慕珍（Jean C. Oi）用"法团主义"来描述转型期地方政府的治理，政府权力和市场机制相互交织在一起②。地方政府行为自主性的增强有利于调动其积极性，通过整合行政权力和区域内其他资源，采取"经营企业"策略发展地方产业。这些理论为经济学家解释中国经济增长奠定了重要基础，特别是将地方政府治理这个制度性因素融入其中，他们开始进一步从沿着治理结构内部的某些因素来探索经济增长的原因。例如，Qian & Weingast（1997）从财政分权的角度来解释20世纪90年代中国的经济增长，他们认为经济分权在制度系统中构建了一种良性的竞争机制，从而有利于经济的高速增长。

国内学者在这方面的研究更为深入和系统，他们认为经济和社会的转型带来了地方政府行为的转型，地方政府行为转型更是主导了经济和社会转型。因此，在解释改革开放以来中国经济增长原因时，西方制度经济学的产权理论具有较大的局限性。在研究中国经济增长的激励机制和提供这些激励的制度安排时，国内学者将地方政府治理与官员激励作为理论研究视角，从而构建起了关于中国经济增长的"政治经济学"解释路径③。从地方政府治理角度来理解中国的经济增长突破了抽象理论中简单地推理制度与经济增长间的关系，它将行为主体置于一个复杂的制度系统中，既找到了经济增长内在的结构性机理机制，又充分地考虑到了经济增长发生的现实场域。地方政府治理中的制度系统内置了一种激励机制，它对地方政府及其官员的行为产生了极大影响，构成中国经济增长的制度基础。

沿着这一路径来解释中国经济增长已形成了非常多的经典文献，在学术界产生了极大的影响力。通过文献梳理，主要有以下几方面的观点：首先，通过政治行政权威集权和经济领域的分权，中国巨大的经济体被分解为众多独立决策的小型地方经济，虽然没有良好的私人产权保护制度和金

---

① Victor Lee. Organizational Dynamics of Market Transition: Hybrid Forms, Property Rights and Mixed Economy in China. Administrative Science Quarterly, 1992 (37): 1-27.

② Jean C. Oi, The Role of the Local State in China's Transitional Economy. The China Quarterly, 1995, 144: 1132-1149.

③ 周黎安：《转型中的地方政府：官员激励与治理》，格致出版社2008年版，第9页。

融支持体系，却有了地方政府之间为增长而展开的充分的竞争①。当上级政府部门能够向下级施加行政压力时，以经济增长为核心的考核机制就能调动地方政府的积极性，激烈的竞争使得地方官员相互赶超。其次，来自省级层面的数据表明，财政分权有利于经济增长，源于它调动了地方政府发展经济的积极性②。更为重要的是，财政分权层面强化了地方政府间围绕经济增长展开锦标赛式的竞争。地方官员晋升锦标赛体制重构了官员的激励模式，在政府官员手中拥有巨大的行政权力和自由处置权的情况下，这种激励机制直接促成了中国经济的高速增长③。最后，预算软约束为地方政府行为提供了持续的经济激励。1994年的分税制尽管强化了中央政府对财政收入的控制，转移支付、预算外收入等还是使地方政府的整体财力不断增加。例如，当前土地财政是为地方政府推动经济发展提供了物质基础，道路、交通以及城市基础设施都高度依赖于土地出让金。土地财政尽管与经济增长间的关系呈现出很大的不确定性，但在短期内，它已内生于中国经济增长之中，是经济持续稳定增长不可或缺的一部分④。

二 制度激励与社会冲突间的关系

按照解释中国经济增长的"政治经济学"路径，能否从转型中的地方政府治理来解释经济增长过程中的社会冲突呢？实际上，国内外已经有很多学者在探究地方政府治理中的激励机制与社会冲突之间的关系方面也作出过有益尝试。经济学家杰克·奈特在研究制度与社会冲突关系时指出，任何制度都包含着某种不合理、不公平的因素，它们成为诱发社会冲突的重要原因⑤。越来越多的学者也意识到当下中国地方政府治理中的激励机制不仅促成了经济增长，它也带来了越来越多的负面问题。

尽管理论界在这方面尚缺乏系统性的研究，国内外仍有不少学者探究

---

① 张军：《中国经济发展：为增长而竞争》，《世界经济文汇》2005年第4期。
② 沈坤荣、付文林：《中国的财政分权制度与地区经济增长》，《管理世界》2005年第1期。
③ 周黎安：《中国地方官员的晋升锦标赛模式研究》，《经济研究》2007年第7期。
④ 吕炜、许宏伟：《土地财政的经济影响及其后续风险应对》，《经济社会体制比较》2012年第6期。
⑤ [美]杰克·奈特：《制度与社会冲突》，周伟林译，上海人民出版社2009年版，第59—62页。

了中国地方政府治理，特别是其中蕴含的制度结构、激励机制与社会问题和矛盾冲突间的内在关系。例如，压力型体制和经济增长竞争导致地方政府在环境保护中激励不足，由于环境保护和治理与官员晋升间缺乏内在联系，特别是在指标设置、测量、监督等方面存在着制度性缺陷，地方官员通过操纵数据作为环境治理的手段，中国在经济高速增长的同时也出现了严重的环境污染危机[1]；为了促进经济增长，地方政府过度依靠行政权力过度地攫取资源，利用效率不高导致了资源要素高度开发，而经济利益分配不均衡又产生了严重的社会不公平，这是中国当代社会冲突发生的重要根源[2]；此外，地方政府自主性的增强使中央和地方形成了多重委托—代理关系，在信息不对称和缺乏有效监督的情形下，地方政府作为代理人具有较高的道德风险，地方政府自利化引起了诸多经济社会问题。自上而下的层级"委托—代理"的治理结构，常常发生管理目标被替代的现象，中央政府的政策不能在地方得到完全执行，地方"土政策"成为地方政府治理的重要依据。例如，李连江和欧博文（Kevin J. O'Brien、Lianjiang Li）在分析中国底层农民抗争时发现，农民选择"依法抗争"的主要原因是国家政府内部发生的有利于地方自利化的分化，农民高度认同中央政府权威，对地方政府治理过程中的偏差行为而不满[3]。此外，政府和市场边界的模糊不清为权力和资本的联盟提供了制度空间，突出地表现为"地方政府行为公司化"，从而导致地方政府与民争利等社会矛盾和冲突[4]。

因此，沿着地方政府治理这个理论视角，既可以解释中国经济增长，也可以解释该进程中存在的问题、矛盾与冲突（具体思路见图2-1）。从图2-1可以看出，通过观察转型中地方政府治理的内在特征，提炼出影响地方政府行为的制度结构，海内外学者已经系统化构建起解释中国经济增

---

[1] 冉冉：《"压力型体制"下的政治激励与地方环境治理》，《经济社会体制比较》2013年第3期。

[2] Chen Z., Sun, Y. Z. Entrepreneurs, Organizational Members, Political Participation and Preferential Treatment: Evidence from China. International Small Business Journal, 2011 (3): 1–17.

[3] Kevin J. O'Brien, Lianjiang Li. Rightful Resistance in Rural China. Cambridge University Press, 2006: 1–10.

[4] 赵树凯：《地方政府公司化：体制优势还是劣势？》，《文化纵横》2012年第4期。

长的政治经济学路径，不少制度规则与经济增长间的关系都得到了检验和验证，经济增长的发生过程和发生机理都得到了很好的呈现。海内外学者也认识到了沿着这个路径来解释社会问题、利益矛盾和社会冲突，但理论深度和高度还仍显得不足，特别是没有选取典型经济社会问题进行系统化研究。因此，结合本书研究的主体，一个理论研究问题就是：如何科学地从地方政府治理角度来理解中国快速城市化进程中的土地冲突呢？由此构建起关于土地冲突研究的"政治经济学"路径。

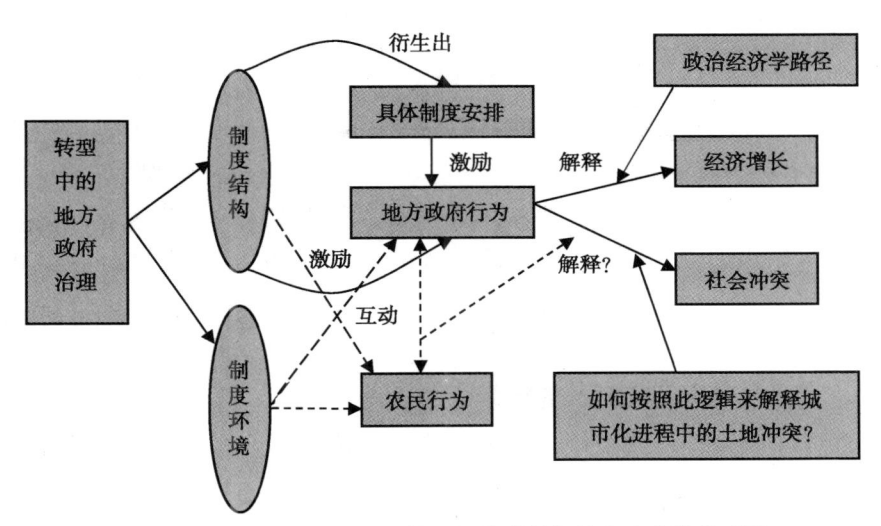

图 2-1　转型期地方治理结构、经济增长与社会冲突的关系图

第三节　土地冲突研究的政治经济学路径

在研究中国城市化进程中的土地冲突时，应当将地方政府治理视角纳入到理论分析中来，从而构建起解释土地冲突频发机理的"政治经济学"路径。这种分析路径突破了单一地从产权这个角度来理解利益冲突，它将城市化进程中的土地冲突放在一个更加广阔的制度系统中，完整地形成了"制度结构—行动者行为—社会互动"的理论研究脉络。社会学家汤姆·R. 伯恩斯在理解经济社会变迁时，通过行动者、制度与环境间的相互关系来分析经济组织和社会组织变迁的动力过程，从而建立起了"行动者—

系统—动力学理论"[①]。从这个角度看，本书不仅将地方政府治理视为理解土地冲突发生的制度结构，也将其作为观察土地冲突演变过程的组织场域（organization field）[②]，即在社会互动和交换中不同利益主体间互动的制度环境。因此，本书将超越从地方政府治理角度来理解中国经济增长的"政治经济学"框架，扩宽城市化进程中土地冲突研究的路径，丰富田野调查中资料收集的程度。由此可见，通过在地方政府治理的制度系统中，在分析城市化进程中的土地冲突时，既可以观察到地方政府及其官员的行为逻辑，又可以描绘出农民的理性反映及策略选择，更是可以直观地掌握地方政府和农民间的社会互动过程，由此就可以勾勒出土地冲突发生、扩散以及转化等演变机制。在此基础上，通过理论和实证研究，厘清不同激励机制与冲突间的逻辑关系，找到化解城市化进程中土地冲突的制度结构和微观具体措施。由于本书认为地方政府治理既是一种制度结构，又是一种组织场域或制度环境，理解中国城市化进程中土地冲突则包括以下三个层面。

一 地方政府及其官员的行为

地方政府治理是城市化进程中土地冲突频发的重要影响因素。中国城市化进程中的土地冲突集中表现在地方政府和农民之间，这两个主体的行为决定着土地冲突的范围、强度以及烈度，地方政府及其官员行为又居于首要地位。因此，要理解城市化进程中的土地冲突，就需要准确地把握地方政府及其官员的行为，那这些行为又受到哪些因素的影响呢？毫无疑问，集体产权制度和征地制度等都对地方政府行为产生了影响，它赋予地方政府在产权博弈中的强势地位。但是，正如前面分析所言，地方政府治理结构中蕴含的激励机制也决定着地方政府的行为，这些激励机制从更深

[①] [瑞典] 汤姆·R. 伯恩斯：《经济与社会变迁的结构化：行动者、制度与环境》，周长城等译，社会科学文献出版社2010年版，第20—29页。

[②] 斯坦福著名社会学家理查德·斯科特在借鉴社会学家布迪厄的场域概念的基础上，提出了"组织场域"这个分析概念，用来说明社会、文化、政治要素对于组织的行为的建构。实际上，这些要素都镶嵌在地方政府治理之中，它们既可能是一种正式的制度安排，也可能是一种非正式的制度安排。

层次决定着地方政府在土地交易、开发以及收益分配中的行为选择集合。土地是地方政府治理的重要资源,它也是农民维持生存和获得利益的物质基础,现有地方政府治理中不合理的激励机制造成了地方政府和农民间利益不相容,这就是城市化进程中土地冲突频发的结构性因素。

要理解地方政府及其官员的行为与城市化进程中土地冲突频发的内在关系,就需要透过地方政府治理结构中的激励机制来回答以下几个问题:第一,在城市化进程中,地方政府如何才能最快地使土地收益最大化,且在收益分配中控制土地收益的绝大部分;第二,地方政府如何才能有效地在农地非农化中让农民配合征地拆迁工作,顺利地腾出土地资源和空间,用于项目开发或者以"招、拍、挂"等方式交易;第三,地方政府在土地收益分配中的策略选择及其内在逻辑,这些策略带来了什么样的经济社会影响,它们又为什么与农民的利益不兼容;第四,当地方政府遭到来自农民的利益抗争时,它会采取什么样的治理工具来满足农民的利益诉求;第五,地方政府所采取的治理工具能否化解与农民间的利益冲突,治理工具在实践中产生了哪些影响。

二 被征地拆迁农民的行为

在对地方政府行为进行分析的同时,应该充分考虑到农民的行为与城市化进程中土地冲突频发的内在关系。制度总是包含着某种不公平的因素,它对不同群体带来的收益是不同的,由于这种分配效应的存在,处于"被剥削"地位的群体就有动机改变现有的制度规则,特别是当他们的力量足够强大时。因此,地方政府尽管在土地收益分配中居于主导地位,但为了改变这种不公平的收益分配格局,农民依然会理性地采取多种多样的抗争策略。因此,理论研究不应该将农民作为一个利益分配机制的既定接受者,地方政府治理中的激励机制尽管没有直接作用于农民,农民会利用制度系统中的某些规则来向地方政府施加压力,最大限度地阻挠地方政府的行为和更可能多地获取土地收益。由此可见,农民在土地增值收益分配中也具有很强的主动性和能动性,农民并不是被动地接受既有的收益分配规则,他们会同地方政府进行谈判和讨价还价。

那么,要理解农民行为与城市化进程中土地冲突频发的内在关系,需要审慎地回答以下几个问题：第一，在快速城市化进程中，农民会选取哪些策略使自身利益最大化，他们会采取哪些策略来反抗地方政府在土地交易、开发以及收益分配中的行为；第二，当地方政府要求农民配合征地拆迁过程时，特别是农民的策略行为严重地损害地方政府利益时，城市化进程中的土地冲突将会如何演变；第三，在农民组织化程度比较低的情况下，是不是所有的抗争策略都能迫使地方政府妥协；第四，"钉子户"等极端抗争行为给地方政府会带来什么样的影响，当"钉子户"的利益诉求得到满足时，又会对其他农民的抗争行为产生什么影响；第五，当土地收益分配格局成为既定事实时，处于弱势地位的农民在城市化进程中又会遭遇到哪些困境？

三　两大主体行为的互动过程和影响

地方政府治理是城市化进程中土地冲突演变的重要场域。法国社会学家皮埃乐·布迪厄认为场域是社会个体互动的场所，个体竞争的符号与策略受到其所在的场域影响。即，个体策略是社会互动的结果，互动过程伴随着合作、竞争与冲突[①]。因此，要理解城市化进程中的土地冲突，就需要进一步思考地方政府和农民间的互动过程。一方面，地方政府行为既于所在制度系统中的激励机制有关，部分策略也是与农民利益博弈过程中随机选择的结果；另一方面，农民的部分策略选择也是他们与地方政府互动的结果，受到来自地方治理场域中多种因素的影响。因此，透过地方政府治理这个场域，可以描绘出城市化进程中土地交易、开发及其收益分配中地方政府和农民间的互动机制，以便于清晰地回答以下三个方面的问题：第一，地方政府和农民在征地拆迁以及收益分配中的互动过程，农民的利益诉求会通过什么渠道反映到封闭的科层体制中。第二，当地方政府和农民发生利益对抗时，两个主体如何利用地方政府治理中共通的信息和策略来进程讨价还价和利益谈判，两者间的谈判合作或者破裂会带来什么样的后果。第三，在此基础上，地方政府和农民的互动过程给土地冲突发生、

---

① ［法］皮埃乐·布迪厄：《实践与反思：反思社会学导引》，李猛、李康译，中央编译出版社1998年版，第39页。

扩散以及转化等演变过程造成了哪些影响。

第四节 本章小结

本章首先在文献梳理的基础上进一步说明了为何要从地方政府治理角度来解释土地冲突。制度经济学的产权理论不能够完整地解释中国城市化进程中土地冲突的发生机制，需要融入地方政府治理的分析视角。从治理变迁角度来看，地方政府治理在历史进程中与社会冲突存在着极强的内在联系，它影响着社会冲突的发生、转变以及协调；从经济社会发展的现实角度来看，在缺乏完善的产权保护和实施制度的情况下，中国地方政府治理中蕴含的激励机制却为改革开放以来经济增长提供了动力，它极大地调动了地方政府及其官员发展经济的积极性，但也带来越来越多的负面影响。在快速城市化进程中，土地冲突是这种激励机制所带来的负面影响中最为突出、影响最为剧烈的一种表现形式。本书在制度分析的基础上，通过将地方政府治理融入土地冲突研究中，构建起解释城市化进程中土地冲突演变机制的"政治经济学"路径。因此，地方政府治理理论、制度分析理论等是本研究的理论基础。

本章也对如何从地方政府治理角度来理解城市化进程中的土地冲突进行了阐明。地方政府治理的分析路径并不是"虚无"的，它有着具体的分析内容：首先，本章详细地描绘出了当代中国地方政府治理中较为明显的制度结构，从既有文献研究中总结了它们与经济增长的内在关系，目的在于为推理这些激励机制与土地冲突间的关系奠定基础；其次，土地冲突是利益主体博弈过程和结果的表现形式，这就需要深度地理解在地方政府治理中制度结构的影响下，地方政府和农民在土地交易、开发以及利益分配中的行为选择；最后，地方政府治理也是地方政府和农民博弈的外在场域，他们在这个场域中进行广泛地互动，从而决定自身在利益博弈中所采取的策略。沿着这三个方面的分析路径，本书将在下文中对城市化进程中土地冲突发生、转化以及扩散等演变机制进行宏观解构。

第三章　土地冲突发生的利益根源追溯

中国城市化进程中的土地冲突首先表现为一种直接利益型冲突，即地方政府和农民围绕土地收益分配展开博弈[①]。当博弈过程得到合理地约束和调节时，地方政府和农民通过谈判和讨价还价就能够达成关于土地收益分配的一致协议，从而降低了利益冲突发生的可能性或影响范围。当博弈过程缺乏有效的制度约束和调节时，地方政府和农民就难以围绕土地收益分配达成一致协议，合作破裂和谈判失败造成了城市化进程中土地收益分配失衡，这将会加剧土地冲突的发生频率和影响强度。中国城市化进程中土地冲突发生呈现出高频率、强烈度的特征，这在很大程度上就源于缺乏合理的利益调节机制，土地冲突引致的群体性事件给经济发展和社会秩序稳定带来了极大负面影响。本章将借助制度分析方法，阐述在现有地方政府治理结构下土地冲突发生的利益根源。

本章首先考察地方政府由"经营企业"向"经营城市"的转变，说明地方政府为什么能介入城市化，阐述权力边界模糊下中国城市化进程的特征及其运行过程；结合地方政府治理的具体情形，阐述地方政府进一步朝着"经营城市"和"经营土地"的行为转变，说明地方政府为什么要介入城市化和土地开发，厘清城市化和大规模土地开发间的内在关系[②]；其次，阐述地方政府在现有治理结构下土地开发过程及其增值收益分配策

[①] 直接利益型冲突是指它的发生与经济利益紧密相关；与此相对应的是无直接型利益冲突，它是指社会冲突或者群体性事件的参与者没有直接的利益诉求，主要以"泄愤"为主要的行为动机。

[②] 土地开发分为土地一级开发和土地二级开发。土地一级开发是指政府实施或者授权其他单位实施，按照各类规划，对确定的存量国有土地、拟征用和农转用土地，统一组织进行征地、农转用、拆迁和市政道路等基础设施建设的行为；土地二级开发是指土地使用者从土地市场取得土地使用权后，直接对土地进行开发建设的行为。

略，重点揭示地方政府和农民在收益分配中的经济地位和机会；最后，进一步剖析城市化和土地收益分配中隐匿着的成本转嫁机制，由此揭示这种利益分配机制对被征地拆迁农民市民化造成的影响。通过上述步骤，完整地勾勒出城市化进程中土地冲突发生的利益根源。

第一节 权力边界模糊与城市化的推进过程

从世界城市化经验来看，城市化动力主要来源于市场驱动、政府主导以及社会参与三个方面，不同动力类型的城市化将会给经济社会发展带来不同影响[1]。西方发达国家的城市化进程总体表现为社会分工不断细化、资源要素高度集聚以及社会结构急剧转型的经济社会过程，市场力量在城市发展和扩张中发挥着决定性作用，这种类型的城市化具有两方面的典型特征：一方面，城市空间再生呈现出渐进式、碎片化特征，农业用地较为缓慢地转化为城市建设用地，通过资本、要素的自由流动和交易，在土地上形成了具有高度现代性的财产关系、生产力水平以及社会关系[2]。另一方面，产业发展和城市化高度基本同步，人口城市化要远远高于土地的城市化，人口、产业以及土地等要素高度融合。土地作为一种生产要素，通过市场机制的合理配置，既为城市空间扩张提供了物质基础，也为工商业发展提供了财富的源泉；城市工商业经济和新兴服务产业为新增城市劳动者提供了充分的就业岗位，良好的公共服务又进一步促进了农业转移人口市民化。当西方城市发展进入到一个比较高级的阶段时，社会公众、"第三部门"等民间性社会力量也开始参与城市化进程，城市规划和建设、土地利用以及开发被纳入到一个协商式的政府议程之中，走上了高效、包容和可持续的城市化道路，社会冲突发生频率和强度要低于亚、非、拉等发展中国家[3]。因此，理解中国城市化的动力机制是认识土地冲突的重要

---

[1] 李强、陈宇琳等：《中国城市化"推进模式"研究》，《中国社会科学》2012年第7期。

[2] 范瑛：《城市空间批判——从马克思主义到新马克思主义》，《政治经济学评论》2013年第1期。

[3] ［美］布莱恩·贝利：《比较城市化》，商务印书馆2009年版，第86—130页。

路径。

一 从"经营企业"到"经营城市"

在由计划经济转型到市场经济的过程中,尽管市场和社会的力量不断增强,由于政府、市场和社会之间边界比较模糊,三者间的功能和角色扮演相互交叉在一起,由此在经济和社会领域形成了众多的边界模糊地带。在地方政府具有高度行为自主性的情形之下,边界模糊为地方政府自由地进入市场和社会领域提供了空间。因此,当地方政府受到外部的制度激励时,就会有极强的动力和能力来推动地方经济发展,而这种激励则主要来源于中央和地方的财政收支关系。自20世纪80年代以来,中国的财政体制改革的重要特点就是分级包干、划分比例、分灶吃饭以及自支平衡。这种财政体制打破了计划经济体制下"吃大锅饭"的弊端,预算约束改变也带来了地方政府行为的变化,地方政府开始利用手中控制的资源来发展地方经济。一方面,地方政府不断改善和优化经济发展的环境,加大招商引资力度,通过"经营企业"的策略增加地方财政收入;另一方面,地方政府也利用行政权力支配各类经济资源,甚至直接将行政权力嵌入到市场机制之中,像企业家一样直接参与各类经济活动。

20世纪90年代,地方政府将发展经济的策略由"经营企业"转变为"经营城市",即由"先工业化再城市化"转变为"先建城再发展产业"[1]。正是在这一时期,中国的城市化进入到加速发展阶段,城市建设规模和扩张速度前所未有。因而,中国城市增长的原因很大部分来源于地方政府"经营城市"的策略,层级委托—代理下的企业家精神就是其中的奥秘,地方政府像企业家一样将城市当作企业来经营[2]。这包含着两层意思:一方面,"经营城市"符合地方政府的经济理性,它有着足够的动机来推进城市建设和发展。城市的规模集聚效应更有利于经济发展,有利于实现地方政府追求预算收入最大化的目标。另一方面,地方政府的权力自主性使

---

[1] 王媛:《我国地方政府经营城市的战略转变》,《经济学家》2013年第11期。

[2] Chung J. H., Lam T. China's "City System" in Flux: Explaining Post - Mao Administrative Changes. The ChinaQuarterly, 2004(180):945-964.

它有"经营城市"的能力，边界模糊为地方政府在城市建设和发展中具有广阔的行为空间，通过对土地等资源要素的控制和整合，它可以自由地进入市场活动和社会治理领域，较少地受到来自上级或者公众的约束。这主要体现在以下三个方面：

首先，地方政府是城市发展规划和战略的决策者。制定城市发展规划和战略作为公共事务是地方政府的重要职责，但为了保证决策的科学性和民主性，需要充分地尊重市场规律和考虑当地居民的意见。然而，中国城市发展规划和战略制定更多地依靠封闭的科层官僚系统，自上而下的"国家视角"在城市未来发展中居于主导作用，自下而上的市场主体和公众偏好等因素常常被忽视。例如，在土地储备和规划过程，地方政府掌握着将农业用地转化为城市建设用地的权力；在城市空间改造和再生产过程中，地方政府拥有项目建设和开发方面的充分信息，等等。因此，中国城市发展的规模、结构以及方向更多地体现了地方政府的意志，按照科层体制的内在逻辑运行而非市场机制的内在规律。

其次，地方政府是城市发展中资源要素的重要整合者。城市化必将涉及人口、资本以及土地等资源要素的流动和配置，市场经济体制虽然改变了计划经济体制下管道式的资源配置的权力结构和形式，但地方政府的力量依然十分强大。在城市化进程中，地方政府通过行政权力控制着大量资源要素，将这些资源要素投入到市场中就能带动城市经济的发展。例如，地方政府层级越高就拥有更多的用地指标，城市发展面临的制约因素就相对较少。因此，中国城市建设的规模和发展水平取决于地方政府所掌握的资源规模大小，两者间呈现出高度正相关的联系。以土地资源为例，政府层级越高能够控制的用地越多，城市发展的空间规模和水平也就越高；反之，地方政府层级越低控制的土地指标越少，城市发展的空间规模和水平也就较低。

最后，地方政府是城市发展中收益分配规则的制定者和执行者，缺乏利益协调的权威性法律制度。城市化会改变资源要素的相对价格，要素价值增值会带来规模巨大的财富。在市场经济中，买卖双方平等地决定资源的价格，社会个体通过市场交换独立地掌握资源价值。在中国，地方政府是城市化带来的收益蛋糕的分配者，它甚至决定着资源要素交易的市场价格和交易方式,它通常凭借行政权力攫取经济利益。因此,美国城市地理学家弗农·亨德森认为:"中国城市发展的决策在很大程度上依赖于科层系统自上而下的行政命令和控制,缺乏市场经济中资源自由流动和配置的过程,约束利益主体行为的国家法令也常常遭到忽视。"[1]

二 城市化推进模式:运作过程与手段

在经济社会转型中,地方政府肩负着发展经济的重要责任,这种责任在既定的政治激励模式下沿着科层系统自上而下地形成一种"体制性压力",迫使地方政府在克服资源和行动范围的约束,采用"动员模式"来发展经济和进行社会管理,具有明显的政府主导和驱动的特征[2]。因此,中国城市化的动力来源于西方发达国家有很大不同,地方政府在城市建设和发展中扮演着极为重要的角色,被学者称之为城市化的"推进模式""权力主导型城市化"或者"动员型城市化",用来形容政府为了发展经济而推行的一种策略,即城市化成为了手段而非经济发展的结果。[3] 政府行政主导地位决定了中国城市化进程中独特的资源配置方式,其中土地资源的配置又是最为独特的,由此便决定了资源要素收益流的分配方式以及不同利益关联者的分配地位。

在从地方政府"经营城市"的策略可以看出,中国政府主导型城市化的典型特征就是它的动力更多地来源于地方政府的外力推动而非市场机制的内在拉力,城市化运行中的市场机制被行政权力科层机制所取代。地方政府通过权力科层机制向市场机制的延伸,地方政府利用行政权力来整合和控制城市建设和发展所需要的土地和资本等资源要素,从而促成中国经济高速增长和城市规模大幅度扩张。这种类型的城市化在运作过程方面具有显著特征:地方政府主导了城市化进程,行政化力量在城市发展中发挥着极为重要的作用。这种城市化模式是一种外生型城市化,市场化自发力

---

[1] [美]弗农·亨德森:《中国的城市化:面临的政策问题与选择》,《城市发展研究》2004年第4期。

[2] 杨雪冬:《压力型体制:一个概念的简明史》,《社会科学》2012年第11期。

[3] 于建嵘:《新型城市化:权力驱动还是权利主导》,《探索与争鸣》2013年第9期。

量发育得不够充分，更是缺乏来自社会公众和"第三部门"的参与；从内在逻辑和运作理念角度来看，城市化的"推进模式"深刻地体现了地方政府"经营城市"的理念，表现出了追求预算收入最大化的经济理性，且在"经营城市"过程中构建起了企业化、公司化的运作机制，将行政权力延伸到城市发展的各个领域。

在城市化进程中，中国各地的地方政府打造各种投融资平台，重点以土地资源为抵押获得城市建设和发展所需要的原始资金。根据相关部门统计，全国各省区直合计设立 8221 家平台公司，其中县级平台为 4907 家，2011 年融资金额达到 10 万亿元①。地方政府通过投融资平台获得资本用于道路、交通等基础设施建设和其他城市开发项目，构建起城市发展的基本骨架；另一方面，地方政府出资成立各类公司，它们负责城市建设、开发、运营以及管理的各个环节。为了塑造城市发展的"品牌"，地方政府凭借行政力量人为地打造城市综合体、地标性建筑以及其他大型项目。政府主导型城市化在短时间内激发了城市发展的活力，资源要素迅速转化为国民财富，拉动了地方经济的增长。在地方政府力量全面嵌入到经济领域的情况下，中国城市化进入了高速发展阶段，2014 年城市化率达到 53.2%，城市化年均增长率超过 1%，城市数量和规模大幅度增长（具体情况见表 3-1）。

表 3-1　　　　中国城市建设区的情况表（2001—2012）　　　单位：km²

年份	设市城市建成区面积	县城建成区面积	建制镇建成面积
2001	24027	10427	19720
2002	25973	10496	20320
2003	28308	11115	—
2004	30406	11774	22360
2005	32521	12383	23690
2006	33660	13229	31200
2007	35470	14260	28430
2008	36295	14776	30160

---

① 党均章、王庆华：《地方政府融资平台贷款风险分析与思考》，《银行家》2010 年第 4 期。

续表

年份	设市城市建成区面积	县城建成区面积	建制镇建成面积
2009	38107	15558	31310
2010	40058	16585	31790
2011	43603	17376	33860
2012	45566	18740	37140

数据来源：《中国城乡建设统计年鉴（2012年）》。

由于地方治理中不合理的制度激励，地方政府在推进城市化时表现出了激进情绪，各地都产生了"城市化大跃进"问题，忽视和违背市场经济的内在规律，农民被排斥在分享城市化收益之外。例如，根据2010年中国城市形象调查结果显示，有655个城市正计划"走向世界"，200多个地级市中有183个正在规划建设"国际大都市"；有的地方甚至存在着人为的"造城运动"，城市空间无序地向外围扩张；此外，在政府主导的城市化进程中，市场力量和社会资本难以进入到城市建设、开发以及运营等领域，地方政府控制和攫取了大规模的城市化收益，城市发展在公平性、包容性以及可持续性遗留下了诸多问题。那么，地方政府是如何高速推进城市化以促成经济增长的呢？

第二节 "土地经营"与城市经济增长动力机制

自20世纪90年代以来，地方治理结构中的激励机制进一步变迁，对地方政府行为产生了深远影响。在官员晋升锦标赛体制下，城市竞争迫使地方政府利用自身行为的自主性，通过权力边界向市场边界延伸，强力地推动城市化发展，这属于激励机制设定下地方政府理性地选择。在此基础上，随着财政分权体制的改革，土地作为预算外收入成为地方政府财政的主要来源，地方政府则不得不借助土地开发来维持财政收支平衡。在这两种作用机制之下，地方政府发展经济的策略逐渐由"经营城市"转变为"经营土地"，通过土地开发来推动城市建设和发展。来自264个地级城市的面板数据分析表明，土地财政和城市竞争构成了中国城市化进程中土地非农化的压力，且具有明显的政府驱动特征①。在地方竞争和土地财政下双重作用，地方政府在城市化进程中的行为会有什么样的改变？答案就是：地方政府会在推进城市化时进行大规模的土地开发，以土地开发为手段拉动城市建设，继续将土地开发获得的资金投资于城市建设，从而构建起一套经济增长机制。一方面，城市化可以提升不具流动性的土地资源的极差地租，城市空间向外延伸将会带来更加丰富的土地增值收益；另一方面，规模巨大的土地收益提升了地方政府的财政实力，也为地方政府推进城市化提供了丰富的资金。由此可见，在中国现有地方治理结构之下，地方政府逐渐将城市化和土地开发结合起来，土地开发带来的增值收益分配成为利益相关者争夺的焦点。

在地方竞争和财政联邦体制之下，由于竞争冲动和客观现实压力，地方政府被锁定在土地财政的路径依赖之中，土地开发既是地方政府的理性选择，也是土地财政下的一种无奈之举②。因此，土地开发与城市扩张相互联系起来，城市扩张又与经济发展紧密联系起来，地方政府便走上了"以地引资""以地造城"的经济发展之路，且实现了由"以地引资"向"以地造城"的转变，这样既能够保证在激烈的竞争中取胜，又能够化解土地财政的制约。据国家发改委 2013 年的调查，全国统计范围内 12 个省的 156 个地级以上的城市中，提出新城新区规划的有 145 个，占 92.9%，平均每个规划中的新城面积相当于现有城市面积一半多；161 个县级城市中，提出新城新区建设的也有 67 个，所占高达 41.6%，且提出新区建设的城市都将规划付诸了实践，这些都与地方竞争和土地财政有关③。"造城"既是中国城市扩张的特征，也是土地开发的典型模式。

---

① 张良悦、师博等：《城市化进程中农地非农化的政府驱动——基于中国地级以上城市面板数据的分析》，《当代经济科学》2008 年第 5 期。

② 卢洪友、袁光平等：《土地财政根源："竞争冲动"还是"无奈之举"？——来自中国地级市的经营证据》，《经济社会体制比较》2011 年第 1 期。

③ 资料来源：新城新区建设现状调查和思考，国家发改委城市和小城镇改革发展中心课题组，李铁、范毅等执笔，http://www.zgghw.org/html/guihualuntan/guihuatansuo/2014/0310/24949.html。

一 地方政府的土地财政与土地开发

在城市化进程中,地方政府通过市场机制将土地资源转化为财政收入,解决城市基础设施建设的资金难题,土地经营和城市化紧密地联系在一起,这就构成了中国城市增长的重要基础。首先,地方政府依靠出让国有土地使用权获得了大规模的预算外收入,其中以"招、拍、挂"等方式取得的土地出让金是收入的主要组成部分。中国土地出让金的规模不断增大,呈现出快速增长的态势(见图3-1)。图3-1反映的是2001—2013年土地出让金总体规模的基本情况。由图可知,我国的土地出让金由2011年的1295.89亿元增长为2013年的39072.99亿元。土地出让金规模尽管在2005年、2008年、2012年3个年份较上年度有所回落,2001—2013年这13年间却增长了30倍之多。在2001—2008年,土地出让金增长的速度逐渐加快,2008年之后几年内却迅猛地增长。

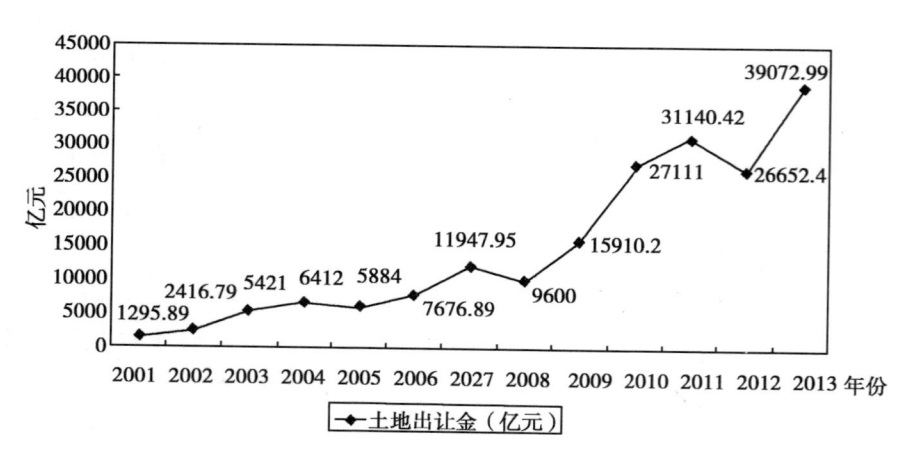

图3-1 中国土地财政收入图(2001—2013)[①]

其次,土地出让金占地方财政收入比例十分高,土地出让金收入是地方增加财政收入的重要组成部分(见图3-2)。图3-2较为清晰地反映了土地出让金占地方财政收入的比重。比例图走势尽管呈现出波浪式特征,

---

① 图2-1、图2-2的数据来源于2001—2013年的国土统计年报,经由笔者整理计算得来。

但每经历一个小的回落就会急剧向上增长，2002年以后土地出让金占地方财政收入比重都在30%以上，2003年、2004年、2007年、2010年、2011年、2013年所占比例超过了50%，2010年所占比例甚至达到了66.8%。因此，图1、图2反映了地方政府财政收入对土地出让金的依赖度较高，远远地超过了发达国家地方政府土地收入占总财政收入的比例。实际上，中国地方政府是土地交易的唯一垄断者，如果以国有土地使用权收入作为计算基础，地方政府对土地财政的依赖程度会更高。实际上，地方政府竞争和土地财政相互联系，锦标赛甚至固化了土地财政，它们共同构筑了一个复杂的制度激励系统。来自中国257个地级市政府的非平衡面板数据显示，地方政府官员晋升竞争是引发土地财政的根本原因，行政首长面对晋升竞争时更倾向于土地财政[①]。

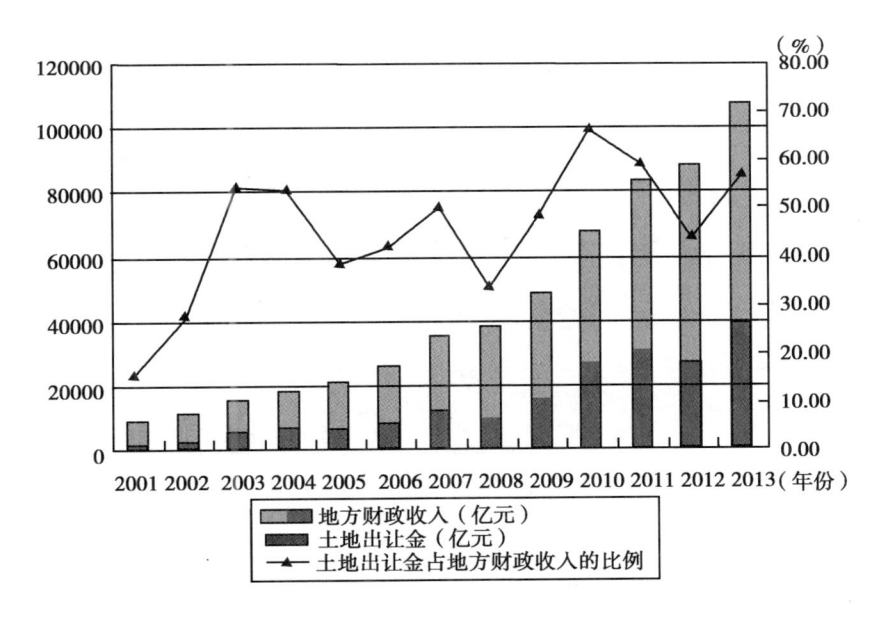

图3-2 土地出让金占地方财政收入比例的情况图

当土地资源成为竞争和财政收入的重要依托时，地方政府产生了

---

① 刘佳、吴建南：《地方政府官员晋升与土地财政——基于中国地市级面板数据的实证分析》，《公共管理学报》2012年第2期。

"土地城市化"问题。在城市化进程中,地方政府表现出了土地经营的激进情绪,甚至演变为单纯地依靠扩大城市空间来提升土地的价值,大规模地进行基础设施建设拉开城市骨架,将越来越多的土地纳入到价值增值的空间范围内。城市空间向外围扩张有利于提升土地价值,但无序扩张也来得了土地资源的浪费,城市土地资源的利用效率极为低下。城市化在有的地方甚至沦为单纯的土地开发,地方政府将权力科层机制从城市化领域继续向土地开发领域延伸,借助行政权力征用农民土地搞"造城运动",城市空间像摊大饼一样不断地向外围高速扩张。为了减少城市化和土地开发的成本,地方政府更倾向于征用农民土地而非对城市旧有空间进行更新改造,越来越多的农业用地被"疯狂地"转化为非农用地(见表3-2)。

表3-2 中国征地面积情况表(2004—2011年) 单位:km^2;%

年份	征地面积	征用农用面积	所占比例
2004	1956.56	1564.59	80
2005	2969.31	2333.70	78.60
2006	3416.44	2537.81	74.28
2007	3019.37	2231.16	73.89
2008	3040.11	2232.06	73.42
2009	4510.26	3511.74	77.86
2010	4592.46	3451.88	75.17
2011	5687.41	3958.44	70

数据来源:《中国国土资源统计年鉴(2005—2012)》,比例由笔者计算而来;此外,城市建设用地增量只是征地面积的一部分。

据统计,2001—2011年,中国城市建设用地的土地数量增加了17600平方公里,城市建设用地总面积达到41805平方公里,绝大多数的城市建设用地通过征用农村土地得到满足,只有较少用地是通过未开发城市建设用地的现有存量来供应的[①]。实际上,土地财政已经向经济发展的各领域

---

① 国务院发展研究中心和世界银行:《中国:推进高效、包容、可持续的城市化》,2014年,第27页。

延伸，已经包含多个方面的内容：首先，土地出让金是地方政府财政收入的主要来源；其次，利用土地优惠政策来招商引资，带动工业经济发展；再次，依托土地开发进行城市改造和城市建设，促进房地产等相关产业发展；最后，土地是地方政府融资的重要物质资源[①]。有调查研究还表明，基于财政分税制的现实，地方政府已经陷入土地财政的路径依赖之中，土地财政已成为城市建设资金的重要来源[②]。

二 地方政府在土地开发中的行为逻辑

由上述分析可知，当土地财政成为连接地方竞争与经济增长的重要路径时，土地开发就不再仅仅表现为地方政府获得预算外收入，它更是保证地方官员晋升的物质基础。在城市化进程中，土地财政还表现为地方政府将农地低价转为工业工地、发展房地产业以及利用土地融资等多个方面。因此，土地不仅成为地方政府财政收入的主要来源，它还是地方官员获取职位晋升的重要资源，如何做好土地这个文章已成为地方政府最重要的政策议题之一。当推进城市化主要依靠土地开发时，地方政府行为日益违背了公共利益原则，呈现出了公司化和逐利化的特征，表现出了高度的经济理性，遵循着收益最大化、成本最小化的行为逻辑。在二十多年的高速增长中，不少地方政府逐渐构建起了多样化的土地开发模式，构建起了一套完整的运作机制，透过这套运作机制就可以观察出地方政府的行为逻辑（见图3-3）。

首先，地方政府通过将行政权力延伸到市场机制中，采取建开发区、产业园区、工业园区、新城区以及房地产项目等多种手段，以此拉动地方经济高速发展，凭借行政权力强力地推进城市化，地方官员由此可以在地方竞争中捞取职位晋升的资本。地方政府利用土地作为优惠政策来招商引资，以行政划拨、协议价地价出让以及无偿出让等方式将农地转为工业工地，通过打造工业园区、产业园区等方式来发展地方产业，这些工业或产

[①] 高聚辉、伍春来：《分税制、土地财政与土地新政》，《中国发展观察》2006年第11期。
[②] 薛翠翠、冯广京等：《城市化建设资金规模及土地财政改革——新型城市化背景下土地财政代偿机制研究评述》，《中国土地科学》2013年第11期。

业园区占地面积有的几百、几千亩，有的则高达上万亩之多。在中西部地区，地方政府建立工业或产业园区具有很大盲目性，违背了市场经济的内在规律，开发区经济集聚和辐射能力较为薄弱，产业基础薄弱且区域间同质化严重。地方政府通过建新城区等方式发展房地产业，大量的房地产项目在短时间内纷纷落地，甚至落后地区的乡镇也开始发展房地产业，以至于房地产成为不少地方的支柱产业。由于政策限制和市场价格间的巨大差异，有的地方政府先将农地转化为工业用地，然后违规地将工业用地转化为商业用地。此外，地方政府未批先建、多次审批以及占用基本农田等违规、违法行为也十分普遍。

其次，地方政府在城市化高速发展中最大限度地攫取土地增值收益，既保证了行政科层机制运作所需的财政支出，又加大对道路、交通以及其他经济性公共产品的投入，城市空间不断向外围扩张，越来越多的土地大幅度地升值[1]。中国地方政府规模和人员极为庞大，城市化又使地方性公共事务显著地增多，需要有足够的财政支撑其正常运行。在预算软约束机制下，面临着城市化进程中巨大土地收益的经济诱惑，地方政府有着强烈地动机选择"借地生财"。为了最大限度地激发土地的价值，地方政府不惜"大兴土木""大拆大建"，导致城市遍地都是大工程、大项目和高楼层；地方政府通过土地抵押和财政担保等方式获取大量的金融贷款资金来增加基础设施投资和进行城市建设，将越来越多的农地纳入到财富增长机器中来，从而形成了在"竞争激励—土地财政—土地融资—开发区或城市建设—土地征用"之间形成了一个持续推进的经济增长循环机制。这种经济增长机制主要依赖地方政府的投资驱动，资金的主要来源则是土地出让金和以土地为抵押向银行融资的金融贷款。由此可见，地方政府既借助土地直接获得了财政收入，又通过土地作为抵押间接地获得了金融资金，维持这些资金来源的途径就是继续进行大规模的土地开发[2]。

在这一完整的运行系统中，地方政府以土地开发和城市建设为中心构

---

[1] 左翔、殷醒民：《土地一级市场垄断与地方公共品供给》，《经济学（季刊）》2013年第1期。

[2] 周飞舟：《大兴土木：土地财政与地方政府行为》，《经济社会体制比较》2010年第3期。

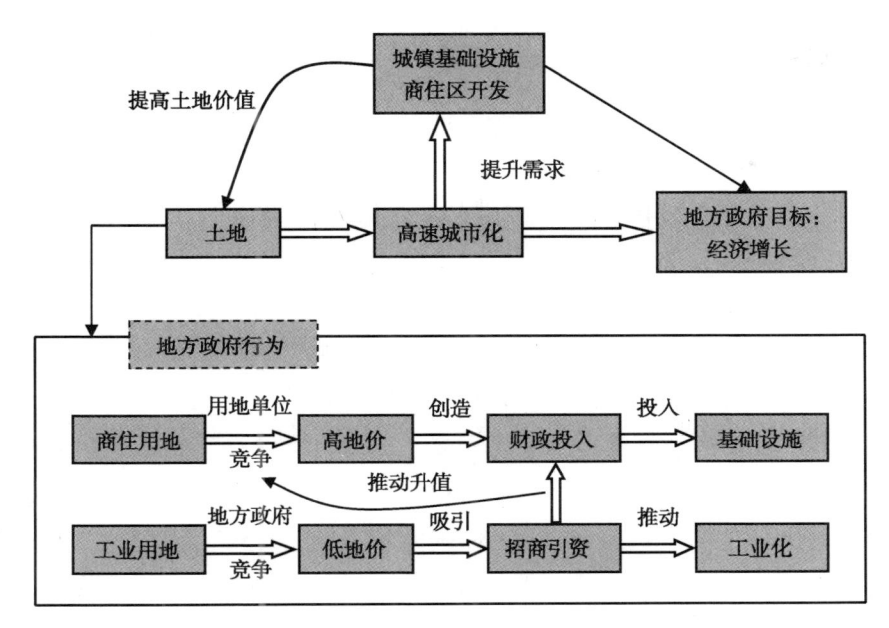

图 3-3 地方政府土地开发与城市经济增长机制图

备注：图形参考了王媛的《我国地方政府经营城市的战略转变》，《经济学家》2013 年第 11 期。

建起了经济增长机制，通过行政权力主导城市化进程和土地开发过程。在既定的治理结构下，地方政府在经济增长中表现出了极大的经济理性，采取各种方式在短时间内将土地财富的规模"做大"，强力地推进城市建设和土地开发。在这套增长机制中，地方政府必须将农业用地转化为城市建设用地，这就必然涉及征地拆迁，也就带来了失地农民等社会问题。由于中国城市增长主要表现为空间向外扩张，土地开发主要涉及地方政府和农民间的利益关系，实质就是土地收益在这种增长机制下是如何分配的。

第三节 土地收益强势分配下利益冲突的发生

制度经济学家丹尼尔·W. 布罗姆利认为，人类进行制度选择的经济行为存在这四种制度交易：第一，提高经济的生产效率的制度交易；第二，有目的地改变收入分配的制度交易；第三，重新配置经济机会的制度交易；第四，重新分配经济优势的制度交易①。因此，深入地认识上述经济增长机制，除了观察其经济效率之外，还应该看到这种治理结构下的分配效应，特别是不同利益主体面临着的经济地位和经济优势。权力边界模糊不仅为地方政府介入城市化和土地开发提供了制度空间，它也赋予了地方政府在土地收益分配中处于强势地位。在竞争激励和土地财政的作用下，地方政府将会最大限度地攫取土地收益，严重地分配效应和收益分配不公必将诱发地方政府和农民间的冲突。在土地收益分配过程中，甚至会产生权力和资本等主体"强强联合"的现象，更是进一步削弱了被征地拆迁农民的利益博弈能力，处于一种相对的弱势地位，导致了地方政府和农民间的非对称博弈。在这种治理格局之下，地方政府在土地收益分配中表现出一种自利化的内在逻辑，遵循着市场经济中成本最小化、收益最大化的理性逻辑。

除此之外，在地方政府构建的这套经济增长机制之中，制度规则不仅决定了土地收益分配的方式和结果，甚至存在着一种制度交易过程，这个过程重新分配了经济优势和经济机会，农民被排斥在城市经营和土地开发之外，难以通过参与城市建设和土地交易获取经济资源。在城市化进程中，农民缺乏分享土地收益的经济机会不单单取决于他们在产权安排中的弱势地位，地方政府治理中激励机制不合理、地方政府行为不当也是重要的原因。为了维持这套经济增长机制，地方政府有时候会刻意地保持这种不公平的博弈过程，城市建设和发展的成本被转嫁到被征地拆迁农民身上。因此，在这套经济增长机制中隐匿着一种特殊的利益分配机制，这成为了解城市化进程中土地冲突的奥秘所在。

一 地方政府的强势地位与土地收益攫取

尽管中国执行着世界上最为严格的土地制度，地方政府在土地资源配置中仍有很大的自主性。在土地供给方面，地方政府既可以通过城市改造获得空间资源，又可以通过征地方式从农民手中获取土地。地方政府享有

---

① [美]丹尼尔·W.布罗姆利：《经济利益与经济制度：公共政策的理论基础》，陈郁、郭宇峰等译，上海三联书店2008年版，第3页。

征地权,在"土地饥渴症"的支配下,它有时甚至突破公共利益需要,将农业用地转化为工业用地和商业用地[①]。在城市化进程中,地方政府为了市政项目和商业开发项目尽快落地,往往突破法律规定的征地程序,在缺乏合理补偿机制的情况下强行地剥夺了农民的土地使用权。在土地交易方面,地方政府垄断了土地一级市场,成为经营土地的"企业家",构建起了独特的土地市场运行机制。然而,这种市场机制却是"政府主导"的,行政运行机制决定了城市化进程中土地资源的配置和市场价格机制的调节,地方政府将土地投入到市场交易中,主导和控制着土地资源的定价机制。由于掌握了土地规划和土地交易的信息,地方政府便可以将优势地块完整地掌握在自己手中。在收益分配方面,地方政府是土地增值收益的分配者。尽管土地市场已经建立,地方政府并没有遵循市场机制自由地决定收益分配的结果,它总是单方面按照行政运作的逻辑和自身偏好来制定和实施收益分配的规则,决定着征地拆迁的补偿标准、补偿范围以及补偿方式等政策内容。

当强势分配地位与地方治理中的激励机制共同发挥作用时,地方政府在收益分配过程中也会遵循着经济理性的逻辑,且这种逻辑在治理实践中会不断固化。地方政府会最大限度地攫取城市化进程中的土地收益,而给予失地农民的土地补偿标准较低。近年来,不少地方都提高了农民的补偿标准,但农民获得的土地补偿资金占总收益的比例仍然十分低。根据2013年财政部公布的数据,土地出让金总收入约为3.9万亿,具体的支出明细见表3-3[②]。从表3-3可以看出,农民获得的征地和拆迁补偿款占总收入的比例约为54.7%。表象的数据显示,农民获得的征地和拆迁补偿仅占土地出让金的一半左右。实际上,农民获得的征地和拆迁补偿收益远远比这个数字还要低:首先,农民并不能获得征地和拆迁补偿收益的全部,村集体可以在征地补偿款中提留一定比例;其次,地方政府更倾向于征地而非拆迁,而征地的补偿标准要远远地低于拆迁,农民从以协议方式出让土地中获得的补偿更低;最后,征地和拆迁补偿标准地区间有很大差异,东部

---

① 华生:《城市化转型与土地陷阱》,东方出版社2013年版,第239页。
② 数据来源于财政部门户网站。

沿海要高于中西部地区，大城市远远高于中小城市。此外，当一次性货币补偿完成后，地方政府就完整地掌握了土地资源现实和未来的"可预期增值收益"，农民则被排斥在这种"可预期增值收益"之外，这种不公平的分配效应远远要大于征地和拆迁补偿分配的失衡。

从表3-3可以看出，2013年土地开发支出和城市建设支出占土地出让金总支出的31.7%，这还不包括地方政府以土地为抵押获得的金融贷款。地方政府在土地开发和城市建设中的经济理性与在土地增值收益分配中的理性互为前提。土地开发和城市建设的目的在于短时间内拉动经济增长和实现土地价值增值，最大限度地攫取土地增值收益的重要目的就是进一步扩大土地开发和城市建设的规模。在这套经济增长和财富分配机制中，地方政府只要忽视了其中任何一个环节，都有可能导致财富增长机制和收益分配理性的失败。地方政府利用自主化的行为空间，将行政科层机制嵌入到城市化过程，在地方竞争竞标赛和土地财政的支配下，通过行政权力主导了城市建设和土地开发，最大限度地提升土地资源的价值和攫取土地增值收益，而农民则只能获得较低的一次性补偿收益，地方政府和农民的利益机制性不相容是土地冲突发生的重大诱发机制。

表3-3　　　　　　　　2013年土地出让金支出的具体情况表

土地出让金支出明细	支出金额（亿元）	占总收入的比例（%）
征地和拆迁补偿支出	20917.69	54.7
土地开发支出	8350.28	21.8
城市建设支出	3775.14	9.9
补助被征地农民支出	852.21	2.2
农村基础设施建设支出	516.50	1.3
廉租住房支出	391.81	1
土地出让业务支出	239.26	0.8
其他支出	3222.71	8.4

数据来源：人民网．查查土地出让金去哪儿．http://house.people.com.cn/n/2014/0224/c194441-24444624.html。

二 权力与资本联合：强势分配集团的形成

在土地财富的增长和分配机制中，多个强势的利益分配集团正在形成，导致了"夺民土地""借地生财"以及"与民争利"等社会问题。首先，地方政府控制下的各类投资公司是土地开发、城市建设以及土地资本运营的重要主体，它们有着自身官方背景和资本雄厚的优势地位。一方面，地方性控股的国有公司在征地拆迁时常会违背"公共利益原则"，按照行政科层运作的内在逻辑，成为地方政府拉动经济和攫取财富的工具，城市建设只重视短期经济效应，导致大量开发项目最后沦为"形象工程""政绩工程"，既浪费了大规模的土地资源，又无助于经济增长和民生改善。当然，作为一个重要的经济实体，地方性控股的国有公司也有其自身的利益考虑，它们会按照市场经济的理性逻辑，以商业开发名义大肆地"圈占"土地，通过坐地涨价、转手倒卖以及整体开发等方式，垄断和控制土地资源所带来的经济剩余和"可预期增值收益"。其次，在规模庞大的经济利益诱惑下，地方政府官员和开发商也逐渐走向合谋，这两个主体利用权力的强制性和资本的优势地位相互庇护，在土地开发、拆迁改造以及房地产项目建设中谋取利益，官商勾结、征地拆迁腐败等现象层出不穷。

无论是地方性控股的国有投资公司，还是地方政府官员与开发商勾结，两者都有权力和资本合谋的某种特征，通过构建起强势利益集团影响土地收益分配。强势利益集团在土地利益面前，逐渐呈现出强制性和掠夺性特征，这成为诱发农民利益抗争的重要因素[①]。那么，在城市化进程中，强势利益集团是如何改变土地收益格局的呢？土地和资本是城市化最为重要的要素，工商主体可以为地方政府提供资本，而地方政府则可以通过征地拆迁方式供给工商主体土地。在官员晋升锦标赛和土地财政机制下，权力和资本联合符合地方政府的经济理性；在巨大经济诱惑下，这种联盟也有利于资本追逐更大的经济利益。研究表明，地方官员晋升锦标赛和土地

---

① 李云新：《中国城镇化进程中社会冲突发生机理与过程分析》，《中国人口资源与环境》2015年第1期。

财政恶化了权力和资本合谋问题,强势利益分配集团土地开发领域直接与民争利。因此,在城市建设和土地开发中,权力和资本的拥有者是一个"共容利益集团",它的核心目的就是要完整地掌握土地价值及其经济剩余[①]。"共容利益集团"最大的优点就是能够摆脱集团行动的困境,在资本供给、征地拆迁、土地供给以及收益分配各个环节达成一致。"共容利益集团"存在的基础是土地增值收益,"食土地之利"是其行动的根本目的,因而它从根本上排斥了农民的土地权益,导致了"暴力征地""暴力拆迁"等社会问题。

20世纪90年代以来,权力主体势力严重地破坏了社会的公平性,公共权力非制度化使用,暗箱操作和资本运作扭曲了利益分配机制,成为群体性事件和群体泄愤的重要原因[②]。权力和资本合谋形成的强势利益集团在房地产开发和城市改造领域最为常见,权力主体过度追求政绩以及经济增长,资本主体借此瓜分土地收益。例如,不少房地产开发项目在地方官员"选择性执法"的情况下,存在着非法用地、未批先建以及少批多建等问题,大规模地侵蚀农民的土地;在城中村和旧城改造工程中,工商主体和地方政府常常忽视被拆迁农民利益,追求大规模和高速度,运作过程不阳光、不透明,甚至以改造的名义进行房地产开发,而农民拆迁安置却十分不合理或没有落实到位。由于缺少公平的土地收益分配机制,农民对财富分配不均越来越不满,导致了社会矛盾和利益冲突的不断积累。强势利益分配集团实质是一种精英联盟,在与农民的利益博弈过程中,总是处于一种优势地位。

三 农民的弱势地位与收益分配失衡

在土地开发及其收益分配中,地方政府和强势利益分配集团的运作过程为何不能得到有效地阻止?这源于农民在土地交易及其收益分配中的弱

---

① 李云新:《制度模糊下中国城市化进程中的社会冲突》,《中国人口资源与环境》2014年第6期。

② 孙立平:《重建社会:转型社会的秩序再造》,社会科学文献出版社2009年版,第76—77、219页。

势地位。农民的弱势地位除了缺乏农地交易的权利之外,还包括在政府主导的城市化和土地开发中也缺乏参与市场和分享收益的经济机会以及行动能力。在这三个影响因素中,经济机会的缺乏是导致农民弱势地位的首要因素,地方政府的经济理性行为日益偏离公共价值,行政权力决定着资源要素的流动方向以及经济机会的分配,直接影响到了收益分配的结果。在市场经济的自由运作过程中,农民尽管没有完整的土地产权,仍可以利用土地使用权在城市化进程中参与市场交易。在我国东部沿海经济发达地区,村级集体组织和农民利益通过盘活集体建设用地来发展城市经济产业,在带动地方经济发展的同时,也使农民从中分享了土地收益,这被称之为农民自主性城市化道路。例如,来自广东省佛山市南海和北京市郑各庄的调查表明,农民以土地入股等方式参与城市建设和工业发展,既有利于避免征地和拆迁对农民权利的损害,也有利于农民分享城市化进程中的土地增值收益[1][2]。然而,在政府主导的土地开发运作过程中,农民因为缺乏参与市场的经济机会,缺乏在资源配置中的经济优势,也就导致了无法在利益分配中改变相应的制度规则和分配结果。

原子化的农民个体缺乏参与市场过程和与强势利益分配集团进行利益博弈的资源和能力,农民的弱势地位和强势利益分配集团的优势地位形成鲜明的对比,最终难以对地方政府行为进行制约和监督。首先,软弱的农民个体难以有效地阻止权力和资本征地拆迁运作和收益分配中的强制性和掠夺性,土地增值收益分配呈现出"赢者通吃"的逻辑[3]。在当前的地方政府治理格局中,农民缺乏组织化的外部力量支持,维护农民在城市化进程中土地权益的公共问题难以进入地方政府正式议程之中,体制内资源的缺乏导致了农民行动能力较低,无法与高度资本化的市场机制对接,城市建设和土地开发最终只能由强势利益主体来运作。其次,原子化的农民难以走出集体行动的困境,尽管他们陷入利益分配不公的恶性境地,但由于

---

[1] 刘守英:《集体土地资本化与农村城市化——北京市郑各庄村调查》,《北京大学学报》(哲学社会科学版) 2009 年第 6 期。

[2] 蒋省三、刘守英:《土地资本化与农村工业化——广东省佛山市南海经济发展调查》,《管理世界》2003 年第 11 期。

[3] 孙立平:《断裂:20 世纪 90 年代以来的中国社会》,社会科学文献出版社 2003 年版。

协调成本过高和信息的缺乏，仍难以通过组织化的力量与地方政府和强势利益分配集团进行讨价还价，只能接受既定的收益补偿标准。地方政府和强势利益分配集团攫取了土地收益的绝大部分，农民只获得了较低的征地拆迁补偿，导致了土地收益分配的失衡问题。在城市化进程中，土地收益不为民享是导致社会不公的重要原因，成为当代中国城市化进程中土地冲突发生的重要根源。

第四节 被征地拆迁农民成本负担与利益再受损

从城市化进程中土地收益分配的配度，地方政府在现有治理结构下的行为逻辑呈现出高度理性的特征，强势利益分配集团过度攫取土地收益导致了利益分配的失衡。那么，在收益分配机制之外，政府主导型城市化下又存在着什么样的成本分担机制呢？它又和土地冲突存在着什么样的内在联系？从既有分析中可以看出，在现有的土地收益分配机制下，地方政府通过征地拆迁获得城市建设和土地开发的原始积累，即农民以丧失土地使用权及其收益支付了城市化的初次成本。然而，政府主导型城市化下还隐匿着一种成本转嫁机制，这种成本转嫁机制与当前地方政府治理高度相关，它是地方政府行为自利化和高度理性的结果，当这些成本被转嫁到失地农民身上时，将土地冲突就从收益分配领域转到了成本分担领域。

一 土地收益分配中的成本转嫁现象

政府主导型城市化下的成本分担机制具有明显特征，地方政府和强势利益分配集团在攫取利益的同时，也尽可能地将城市化的成本转嫁到弱势群体身上。当征地拆迁完成时，这些经济成本和社会成本最终被转嫁给失地农民。政府主导的城市化带来了诸多的负面效应：首先，在城市建设和土地开发中，征地拆迁领域存在着巨大的土地腐败问题。例如，工程建设、土地、房地产开发以及城市建设等领域的土地腐败问题呈上升趋势，占腐败总数量的30%左右①；土地腐败增加了项目开发失败的风险，诸多项目建设变为纯粹的圈地、炒地行为，项目开发失败导致土地资源长期闲置，失地农民需要为此支付巨大代价。其次，政府主导的城市化违背了市场经济中资源自由流动和配置的规律，城市发展缺乏市场驱动和产业发展注入的内生动力。由于地方政府过于追求经济发展和项目建设的短期效应，以土地作为融资大规模举债，不切实际地通过征地拆迁大举推进城市化、大搞工业开发区，导致"鬼城""空城""烂尾楼""烂尾工业园区"等现象频繁发生。这种现象推高了城市化需要支付的成本，结果就是造成了土地资源的过度浪费，但这一成本最终也将会转由失地农民等弱势群体来负担。

政府主导型城市化还带来了"土地城市化"问题，即城市空间的无序扩张使土地开发速度远远超过了农民市民化速度。城市化的实质是"人的城市化"，但在土地财政等因素的影响下，地方政府更重视如何提升土地价值，更加偏好城市规模和面积不断扩大。由于地方政府陷入高度竞争和土地财政的恶性境地，它有强烈的动机来扩张城市空间，然而忽视了向失地农民提供基本的公共服务，导致教育、医疗、卫生以及养老保险等公共产品的投入比较低，这是"土地城市化"产生的重要原因。来自全国284个地级市面板数据分析表明，在官员竞争和土地财政的影响下，地方政府通过垄断更多国有土地转让，会显著增加经济性公共品的供给，非经济性公共品的供给则会显著下降②。即地方政府更加偏好道路、交通以及其他基础设施等能够拉动地方经济发展的投入，而忽视了改善失地农民福利以及生活水平的非经济性公共品的投入。"土地城市化"需要有充足的土地作为供给，越来越多的农地将会高速地非农化，地方政府则会利用行政权力扩大征地拆迁规模，城市化进程中也就会产生越来越多的失地农民，他们则是承担政府主导型城市化成本的重要主体。

在地方政府主导的情形下，"土地城市化"还隐匿着一种"双重剥

---

① 公婷、吴木銮：《我国2000—2009年腐败案例研究报告——基于2800余个报道案例的分析》，《社会学研究》2012年第4期。

② 左翔、殷醒民：《土地一级市场垄断与地方公共品供给》，《经济学（季刊）》2013年第1期。

削"机制，也是成本转嫁的一种重要表现形式，"土地城市化"将失地农民被动地置于社会转型之中。据估计，中国的失地农民数量已经超过1.2亿人。[①] 失地农民以土地支付了城市化的初始成本，却未能获得应有的补偿。一方面，地方政府给予农民一次性现金补偿方式进行征地拆迁，却没有足够的资金来解决失地农民养老保险、再就业以及后续安置等问题；根据来自上海、河南以及辽宁等地的调查发现，单纯的经济利益补偿不是失地农民安置的最佳政策方案，抗风险能力、社会养老保障以及可持续生计能力对被征地拆迁农民融入新的生活有显著影响。[②] 另一方面，在土地开发过程中，农民又缺乏参与市场交易和价值分配的优势地位和经济机会，弱势的社会地位无法与强势利益分配集团进行平等地讨价还价。因此，失地农民在政府主导的城市化进程中面临着双重剥削机制：首先，失地农民从政府征地拆迁过程中获得的补偿金额十分低，维持未来生活的物质基础极为薄弱，"再社会化"的能力又比较低；其次，地方政府更加偏好投资拉动经济发展，将土地收益更多地用于城市建设和新的土地开发，基本公共服务的缺乏提高了失地农民市民化的成本和门槛。在"双重剥削"机制下，大规模的农民被"无产化"或"半无产化"，失地农民既留不下农村，又没有资源能力融入城市。

二 失地农民的相对剥削感与利益抗争

在政府主导的城市化进程中，失地农民既没有充分地分享土地带来的增值收益，又为城市建设和土地开发支付了巨大的成本，在缺乏基本公共服务等物质支持下，他们将会在"再社会化"过程中遭遇诸多困难。随着失地农民在市民化进程中遭遇困境，一种群体性社会不满和"相对剥削感"开始产生和蔓延，失地农民等弱势群体将会感知到城市化和土地开发背后隐匿着的不公平的收益分配和成本分担机制。中国正处于社会转型时期，社会结构分化所带来的利益矛盾要远远快于制度的调节和社会整合。

---

① 共识网：http://www.21ccom.net/articles/zgyj/xzmj/article_2011011528175.html。
② 梅付春：《失地农民合理利益完全补偿问题探析》，《农业经济问题（月刊）》2007年第3期。

城市化就是社会结构分化的重要外力,土地收益分配失衡导致了严重的利益冲突。失地农民等弱势群体获得的收益与强势利益集团攫取的收益形成了鲜明对比,"相对剥削感"降低了失地农民对收益分配不公的承受限度,他们成为社会转型中最为脆弱的社会群体,也是诱发群体性事件的敏感性群体。制度经济学家杰克·奈特认为,利益分配不公和成本负担不一致是制度变迁的重要动力,处于弱势地位的利益主体会竭尽全力扭转这种制度规则,结果就是利益冲突不断地发生[1]。因此,在社会转型期中,土地冲突成为社会矛盾和利益冲突的重要表现形式,呈现出发生频率高、影响范围广以及破坏力度大等特征。

第五节 本章小结

本章从地方政府治理视角阐述了城市化进程中土地冲突的发生机制及过程。在地方竞争锦标赛之下,地方政府通过将权力科层机制取代市场化运作机制主导了城市化进程,以"经营城市"为手段拉动区域经济发展。然而,由于土地财政路径依赖等原因,地方政府"经营城市"需要以"经营土地"为物质依托,由此将城市化和土地冲突联系起来。在高度经济理性和自利化逻辑影响下,地方政府高强度地进行征地拆迁和土地开发,加大对道路、交通等基础设施建设领域的投资,大规模地进行项目开发和城市建设,将越来越多的土地纳入利益增值的影响范围内,由此构建起以土地开发为核心的财富增长机制;在土地收益分配环节,地方政府将农民排斥在市场交易之外,最大限度地控制和垄断土地资源带来的经济剩余和价值增值,而且权力和资本的合谋导致强势利益集团在土地收益分配领域崛起,致使农民获得的土地收益远远低于地方政府和资本主体所得,这是城市化进程中土地冲突发生的重要原因。

在地方政府主导的城市化下,还隐匿着一种成本转嫁机制,农民以土地收益为城市建设和土地开发支付了初始成本,还将承受着其他多种形式的成本转嫁。政府主导型城市化缺乏来自市场的内生动力,土地腐败、资

---

[1] [美]杰克·奈特:《制度与社会冲突》,周伟林译,上海人民出版社2009年版,第59—62页。

源利用的低效率以及土地城市化等经济社会成本都需要由被征地拆迁农民来承担。更为重要的是，由于地方政府行为日益偏离了公共利益目标，失地农民在"再社会化"进程中将会遭遇多重困境，他们获得的一次性经济补偿将难以维持城市生活，而基本公共服务的缺乏又使失地农民面临着市民化的高成本和高门槛。在社会结构高度分化之中，失地农民获得的收益与其他利益主体攫取的利益形成了鲜明对比，一种群体性不满和"相对剥削感"在失地农民群体中不断产生和蔓延，他们是社会运作和秩序稳定中最为脆弱和敏感的群体，在征地拆迁中产生了"抗争政治"[①]现象，这是土地冲突发生的另一种诱发机制。

[①] 本书所指的"抗争政治"是指被征地拆迁农民在现有治理结构下利用各种正式规则和非正式规则来反抗地方政府行为，这种抗争的本质和目标都紧紧围绕土地利益的分配，这与西方政治学研究中的社会运动、价值观念性冲突有很大不同。请参见童星、张乐《国内社会抗争研究范式的探讨——基于本体论与方法论视角》，《学术界》2013 年第 2 期。

第四章　土地冲突扩散与转化的社会过程

中国城市化进程中土地冲突之所以愈演愈烈，重要原因就是它未能得到有效地治理。在认识土地冲突发生的利益根源之外，还应该在地方政府治理视角下进一步研究土地冲突不断扩散与转化的规律和过程。那么，城市化进程中的土地冲突为何不能在当下地方政府治理结构中得到有效治理？要回答这一问题，就需要探究地方政府化解土地冲突所采取的治理工具，以及在土地冲突化解过程中地方政府和农民之间的互动情境和过程。地方政府治理是两大主体互动的内在结构和现实场域，行动者的行为和互动机制决定着土地冲突在现有社会背景下扩散、转化的过程。

本章首先沿着治理角度总结和归纳地方政府为了化解农民抗争所采取的治理工具，探究这些治理工具在实践中产生的影响；其次，探讨在这些治理工具之下农民的利益抗争，从中归纳出其抗争行为的特征及其影响；剖析在这些治理框架下农民抗争行为如何走向极端化，地方政府为何越来越依靠策略治理手段来化解利益冲突，归纳出土地冲突的扩散和积累过程；最后，进一步说明中国城市化进程中的土地冲突是如何演变为社会系统中的一种系统性风险的。本章还将在第三章的基础上，完整地归纳出城市化进程中土地冲突在现有地方政府治理结构中的构建机制，为田野调查和实证研究奠定理论基础。

第一节　策略化治理体系与土地冲突的扩散

地方政府不仅承担了经济发展的任务，还肩负着化解社会矛盾和利益冲突的重要责任。随着中国地方政府治理结构的调整和演进，政府权力支配型的治理机制逐渐改变，重塑了政府与市场、政府与社会以及中央与地方等多重关系。然而，行政权力依然是社会建设的重要力量，它深深地嵌入基层治理结构中，地方治理呈现出一种"嵌入式控制"的逻辑[①]。在这种治理格局下，地方政府通过将权力向社会领域延伸，造成政府和社会的边界变得模糊，强力地化解各种利益矛盾和利益冲突，从而构建起社会秩序的稳定机制。在中国地方政府治理过程中，缺乏来自社会公众参与的内源性力量，社会矛盾和利益冲突缺乏第三方作为协调或者缓冲，集中地汇集在地方政府和农民这两个主体上。土地冲突在社会运行过程中具有脆弱性低、敏感性强以及利益关系复杂等特征，地方政府在应对征地拆迁引发的群体事件时将会付出沉重的经济成本和社会成本。因此，为了化解城市化进程中日益严重的土地冲突，将其有效地控制在行政管辖和社会可承受的范围内，地方政府在治理实践中构建起了处理包括土地冲突在内的社会冲突和利益矛盾的策略化治理机制。

策略治理即正式治理和非正式治理的叠加，它是指地方政府为了保持社会秩序的刚性稳定，既依靠正式规则的权威，又突破正式的治理结构和规则，普遍地出现正式权力的非正式运作现象[②]，最终不得不更多地依靠非正式的、去制度化的制度规则，策略性地化解城市化进程中的土地冲突。因此，策略性治理的前提是地方政府权力边界与社会治理的边界模糊，本质是利用正式规则和非正式规则策略性地化解土地冲突。在征地拆迁过程中，由于正式治理规则在利益分配时的有效性比较低，它就难以消除各类非正式规则，地方政府在正式规则之外给予被拆迁农民利益补偿；当然，非正式规则也不能独立运行，它必须建立在正式规则之上，体现在地方政府利用政策的合法性、政策收入的软约束和政策监控的形式化等方面[③]。在化解各类土地冲突过程中，地方政府策略性地运用正式规则和非正式规则，对利益抗争者采取各种形式的"软硬皆施"手段，迫使被征地

---

① 赵晓峰、张红：《从"嵌入式控制"到"脱嵌化治理"——迈向"服务型政府"的乡镇政权运作逻辑》，《学习与实践》2012年第11期。

② 孙立平、郭于华：《"软硬皆施"：正式权力非正式运作的过程分析——华北B镇收粮的个案研究》，清华社会学评论特辑。

③ 易成非、姜福洋：《潜规则与明规则在中国场景下的共生——基于非法拆迁的经验研究》，《公共管理学报》2014年第4期。

拆农民采取合作行为。在既定治理结构的约束下，地方政府策略化治理行为会不断固化，对土地冲突的演变产生了重大影响。

一 压力型体制与土地冲突的策略化治理

在压力型体制下，地方政府不仅肩负着发展经济的任务，也必须有效地维护社会秩序的和谐稳定，否则就会遭到上级政府的行政追责，科层系统内部压力自上而下地也传导到了社会治理领域。因此，在经济发展领域之外，上级政府部门会将社会和谐稳定量化为具体考核指标，即"层层下指标，逐级抓落实，签订责任状，分级去考核"，对于重点矛盾和冲突通常采取"一票否决"的考核形式，给地方政府施加巨大行政压力[①]。在治理实践中，压力型体制的目标设置与地方政府的现实条件和实际能力不相匹配，致使公共治理陷入"策略主义"困境之中，地方政府将非正式治理规则嵌入正式规则之中，只追求眼前的具体目标，缺乏稳定的、抽象的和普遍主义的规则意识[②]。在激烈的地方竞争中，地方官员们也不愿意使矛盾和冲突引起上级政府部门的注意，必须将治理压力继续向下级或底层社会传导。那么，在社会转型期，面对如此众多的社会矛盾和利益冲突，地方政府主要通过什么方式来应对呢？

在治理实践中，地方政府构建起了独具特征的信访维稳制度。压力型体制构成了信访维稳制度的体制性生态，使这种制度处于上层压力和基层期望高的夹缝之中[③]。因而，从信访和维稳这个窗口，可以清晰地观察到在压力型体制下，地方政府在化解社会矛盾和利益冲突中的行为逻辑。第一，地方政府通过信访渠道可以了解到底层民众的利益诉求，通过正式科层机制解决合理诉求部分；第二，当利益矛盾不能得到化解时，地方政府

[①] 荣敬本：《变"零和博弈"为"双赢机制"——如何改变压力型体制》，《人民论坛》2009年第1期。

[②] 策略主义与官僚制的理性主义不同，它就是指地方政府在运行过程中充满随意性、权变性、变通性和短期性，策略地选择正式治理和非正式治理。请参见欧阳静《策略主义：桔镇运作的逻辑》，中国政法大学出版社2011年版；欧阳静《压力型体制与乡镇的策略主义逻辑》，《经济社会体制比较》2011年第3期。

[③] 秦小建：《压力型体制与基层信访的困境》，《经济社会体制比较》2011年第6期。

就通过信访维稳体制将其"压""堵"在社会底层。在这套机制运作过程中，由于利益矛盾不断增大和底层民众抗争越来越多，地方政府一方面借助正式权威来维持社会秩序稳定；另一方面又不得不突破正式制度框架以各种策略化手段来化解底层民众的抗争和满足其利益要求。因此，在地方政府治理过程中，维稳逻辑取代了信访制度的正常功能，治理过程中出现了"策略主义"现象。治理的"策略主义"最终突破了信访维稳制度的正常功能，地方政府在处理利益矛盾的整个过程都将严重地依赖非常规的、非正式的治理工具。

地方政府在治理传统利益纠纷时通常是秉持着"民不告官不理"原则，土地冲突则是地方政府高度关注的一种社会矛盾，这源于：首先，城市化进程中的土地冲突是转型期社会矛盾的重要表现形式，它在所有利益纠纷和群体性事件中占的比例在不断上升，是地方政府治理中的主要矛盾之一。其次，地方政府是征地拆迁的直接利益相关者，是土地冲突事件的"当事人"，农民利益受损后的第一意识就是"找政府"；如果相应的利益诉求未能得到解决，农民逐级上访或其他抗争形式有可能将城市建设、土地开发以及土地收益分配中的诸多问题暴露出来，使地方政府陷入极为被动的局面。最后，土地冲突涉及的利益关系十分复杂，极易转化为大规模群体性事件，造成地方秩序出现剧烈动荡。因此，地方政府治理的"策略主义"在化解土地冲突中最为明显。

二 地方政府化解土地冲突的策略化手段

地方政府在化解土地冲突的过程中，策略化治理手段具有多种多样的表现形式，它的核心目标就是要降低农民在征地拆迁、利益分配以及个体或群体上访等过程中的抗争强度，将社会矛盾和冲突控制在社会底层，建立起有利于经济社会发展的"稳定器"。因此，地方政府在化解农民抗争的过程中，也会采用诱之以利、动之以情、谋之以局、迫之以势以及压之以力等策略化治理手段[①]。概括起来，地方政府治理土地冲突的策略化手

---

① 祝天智：《边界模糊的灰色博弈与征地冲突的治理困境》，《经济社会体制比较》2014年第2期。

段有以下三个方面。

第一，基层社会动员。随着国家治理结构的不断分化和整合，高度集权下的政治运动式的社会治理手段不复存在，但面对经济发展和社会治理的双重压力，突破科层体制常规治理的社会动员和运动式治理手段在地方政府治理中依然能够发挥重要作用，地方政府常常通过这些非制度化的手段来治理社会矛盾，从而顺利地推进征地拆迁和化解农民的利益抗争。在城市化进程中，当地方政府为了城市建设或者土地开发需要征地拆迁时，它会利用各种渠道进行广泛的底层动员，利用地方官员和基层村组干部去发动农民，向农民宣传征地拆迁带来的经济社会效益，动员他们配合地方政府的征地拆迁工作。

第二，关系捆绑。中国是一个伦理本位的国家，以家庭为中心存在着"差序格局"式的复杂社会关系网络，血缘和亲属关系在乡村社会中具有重要道德和规范价值[①]。社会关系网络在现代社会中也具有很重要的作用，它构建起利益主体间的信任关系，甚至是一种具有很强激励和约束作用的治理机制，它也"镶嵌"在地方政府治理过程中。在征地拆迁过程中，地方政府常常将这种社会关系网络用于化解农民的不配合和抗争行为。地方性关系网络是一种非正式制度，地方政府利用它来化解与征地拆迁有关的土地冲突，这种关系网络具有道德压力和权力支配的双重特征。

第三，隐性强制支配。当权力和资本联合介入征地拆迁和土地开发时，地方政府职能将会遭到严重扭曲和异化，衍生出损害农民利益的极端非正式治理手段。由于少数地方官员和开发商存在着权钱交易现象，面对农民在征地拆迁和利益分配过程中的抗争，他们通常通过暴力征地、暴力拆迁等方式强制性地剥夺农民土地权益。来自17省1965位农民的调查数据显示，17.63%的受访者认为地方政府采用了强制征地拆迁手段[②]。由于地方政府策略化治理行为，开发商通常采取单方面行动，对损害农民利益行为不进行合理处理，导致社会矛盾和利益冲突越来越

[①] 费孝通：《乡土中国》，人民出版社2008年版，第55页。
[②] 叶剑平、田晨光：《中国农村土地权利状况：合约结构、制度变迁与政策优——基于中国17省1965位农民的调查数据分析》，《华中师范大学学报》（社会科学版）2013年第1期。

严重。在一些极端情况下，当部分农民不配合征地拆迁工作或者通过上访方式揭发地方官员或开发商的违规行为时，他们会通过利用地痞、流氓以及地方强人等灰色势力威胁和恐吓农民[①]。从近年媒体曝光的征地拆迁冲突中可以看出，地方政府职能异化、地方官员腐败、开发商不法经营以及灰色势力介入都是加剧农民抗争的重要原因。当这些因素相互连接起来时，地方政府制度性的正式治理很难发挥作用，策略治理手段成为化解农民抗争的主要方式。

三 土地冲突不断蔓延和扩散

地方政府的策略化治理机制已经延伸到征地拆迁和利益矛盾化解的各个环节，动员式治理、关系式治理和威胁式治理在实践中演变为多种多样的策略化治理工具，从而导致了正式规则和非正式规则的共生共存。例如，动员式治理既有地方政府传统权威的运用，也必须突破官僚科层体制和正式规则的束缚，将关系式治理和威胁式治理纳入其中，策略化治理机制才能在实践中发挥效用。实际上，地方政府策略化治理并不能消除农民抵抗，反而引致了更多的机会主义行为，土地冲突在社会系统中进一步扩散。例如，为了在征地拆迁中最大限度地节约征地拆迁的时间成本以及化解日益严重的农民利益抗争，地方政府会通过策略化手段来治理那些不配合者、缠访闹访者以及"钉子户"，这种处理方式反而会引致更多的农民抗争。

由于地方政府主导了城市化进程和土地开发过程，土地收益分配格局逐渐失衡，被征地拆迁农民获得的补偿收益远远低于土地的市场价值，土地冲突集中地爆发在地方政府和被征地拆迁农民之间，两者间的经济理性必然存在着竞争和冲突，从而导致了权力和权利之间的张力和对抗。在边界模糊的利益博弈过程中，地方政府和农民这两个利益主体都倾向于采用"灰色化"的博弈策略，且由于缺乏科学的是非标准、公平标准以及利益均衡机制，容易造成"恶人"得利的局面和利益抗争的恶性循环，导致土

---

① 谢小芹：《半正式治理及其后果——基于纠纷调解及拆迁公司参与的半正式行政分析》，《西北农林科技大学学报》（社会科学版）2014年第5期。

地冲突愈演愈烈且容易转化为极端暴力抗争事件①。

第二节 征地拆迁和利益分配中的农民抗争

当地方政府制定的利益补偿标准过低时，作为制度系统中的一个能动主体，农民必然会采取各种行为来反抗地方政府；与此同时，地方政府也会采取各种策略治理工具来应对农民的抗争，在特定治理场域下演变出了地方政府和农民互动的一个社会动力过程。那么，如何来理解被征地拆迁农民的利益抗争行为？查尔斯·蒂利将抗争行为划分为三种类型：竞争性抗议、反应性抗议和主动性抗议，他指出竞争性抗议是指资源能力大体相同的群体或个体间发生的冲突；反应性抗议具有卷入冲突双方力量不对等的特征；主动性抗议则是指抗争者以制度化或组织化方式来进行抗争②。在当下中国地方政府治理结构和场域下，被征地拆迁农民的抗争属于"反应性抗争"，它是地方政府或其他强势利益分配集团在占有绝大部分土地收益后，农民被迫以利益抗争方式来维护自身土地权益。这种"反应性抗争"的核心是农民希望通过抗争手段来改变利益分配中的弱势地位，提高征地拆迁补偿标准和以土地要素分享城市化收益，它是农民和地方政府在博弈过程中策略互动的结果。由于经济上的弱势地位和自身特质等原因，在与地方政府初始博弈过程中，无组织化农民在利益抗争中可供选择的手段比较有限。

一 农民抗争的主要方式

由于地方政府在土地资源配置中起着决定性作用，农民在利益分配中属于弱势群体，但这并不意味着地方政府不会面临着任何抵抗，农民依然能够找到许多抗争手段。社会学家詹姆斯·C.斯科特在研究东南亚农民反抗时发现，农民在日常生活中会采取"弱者的武器"来改变政府

---

① 祝天智：《边界模糊的灰色博弈与征地冲突的治理困境》，《经济社会体制比较》2014 年第 2 期。
② 裴宜理：《底层社会与抗争性政治》，《东南学术》2008 年第 3 期。

的公共政策,它包括偷懒、装糊涂、开小差、假装顺从、偷盗、装傻卖呆、诽谤、纵火、暗中破坏等具体形式①。因此,农民在征地拆迁和利益分配中会采取各种各样的抗争手段,"反应性"地抵抗地方政府的征地拆迁工作,拒绝接受地方政府制定的征地拆迁补偿标准。在乡土社会的场域中,农民的这种"反应性"抗争表现为"谋之以策、拒之以势、缠之以术、抗之以法、博之以命"等博弈策略②。当然,这种"反应性"表现通常在农民土地利益受损发生时才进行抗争,主要有以下几个方面的表现形式:

第一,不合作。当地方政府决定要进行征地拆迁时,如果农民觉得征地拆迁方案不合理或者自身利益受损,他们首要采取的手段便是不合作。农民在利益抗争时,为何通常会采取不合作手段?首先,不合作方式不涉及多个农民利益间的协调,农民为此付出的成本和付出的代价较低,它是农民在个体利益理性下的行为选择,无须面临"集体行动"带来的多重困境;其次,作为一种利益抗争手段,不合作行为抗争力度较小、负面影响低,却巧妙地将自己的利益诉求传达到地方政府,为进一步采取其他抗争手段留下了空间;最后,不合作行为使农民相互地了解和传递彼此利益诉求,而不必"贸然"或"不理性"地单个采取极端抗争手段,降低来自各方面的社会压力。因此,在地方政府推进征地拆迁时,农民不合作的现象十分普遍。当大部分农民采取不配合手段时,为了避免强力推进征地拆迁带来的社会风险,地方政府不得不重新调整征地拆迁方案,甚至主动与农民进行利益沟通,听取农民的利益诉求。

第二,个体上访。上访是农民土地权益受到损害时最通常使用的手段,它是观察农民经济理性的重要途径,而因征地拆迁问题上访又是主要诱因。根据国务院发展研究中心对 2749 个村庄的调查显示,有村民上访村庄的比例为 28.9%,征地拆迁是农民上访反映的主要问题,占到了 40%左右(见表 4-1)。通过个体上访这种抗争手段,农民沿着正式科层治理

---

① [美]詹姆斯·C. 斯科特:《弱者的武器》,译林出版社 2012 年版,第 12 页。
② 祝天智:《边界模糊的灰色博弈与征地冲突的治理困境》,《经济社会体制比较》2014 年第 2 期。

渠道向同级或者上级政府反映征地拆迁及其利益补偿的具体情况。一般而言，在各种征地拆迁和土地收益分配冲突中，农民个体上访有"以法抗争"和"缠访闹访"等两种主要方式。"以法抗争"并不是指农民通过法律武器来指控地方政府的违法行为，而是他们在上访过程中运用各种法律制度和上级政策来抵制地方政府的利益侵害行为，企图通过指出对方某种不合理性来弥补自身土地权益损失[①]。自20世纪90年代以来，中国政府治理内部发生了有利于地方政府自利化的结构性分化，农民高度认同中央政府的权威，但对基层政府治理过程中的偏差行为而不满[②]。因此，当农民与地方政府围绕征地拆迁收益分配进行博弈时，就会利用国家和有关部门制定的土地法律法规来同地方政府进行讨价还价，指出地方政府的具体土地违法违规行为，从而改变自身在土地利益分配博弈中的弱势地位。除此之外，农民也通过缠访、闹访等方式与地方政府进行抗争。实际上，这种抗争方式是农民借助自身的弱势地位"依势博弈"，他们将弱者身份视作一种武器，以非制度化的道德力量向地方政府施加来自社会各方的舆论压力或者道德指责[③]。在当下的治理实践中，农民个体上访能够部分地改变土地收益分配不公平的现实，那些因征地拆迁上访的农民有可能获得更多的经济利益。

表 4-1　　　　　　　农民上访反映最集中的问题情况表

上访事由	所占比例（%）
征地拆迁	39.4
土地流转	26
环境污染	24.3
社会治安	10.2
其他	7.3

数据来源：国务院发展研究中心课题组：《2749个村庄调查》，《农村金融研究》2007年第8期。

[①] 于建嵘：《农民维权与底层政治》，《东南学术》2008年第3期。
[②] 饶静、叶敬等：《"要挟型上访"——底层政治逻辑下的农民上访分析框架》，《中国农村观察》2011年第3期。
[③] 董海军：《"作为弱者的武器"：农民维权抗争的底层政治》，《社会》2008年第4期。

第三，群体抗争。当土地利益受损较为严重时，农民就会通过集体行动方式进行群体性抗争。农民群体抗争行为尽管是针对地方政府这个明确对象，但它依然不是高度组织化和制度化的，它是农民在土地利益分配失衡情形下的被动选择，依然呈现出"反应性抗争"的基本特征。群体抗争包括群体上访和群体性事件两种类型。群体上访是在个体上访基础上的演变，是多个农民利用上访渠道来维护土地利益，他们大多是在征地拆迁过程中受到了利益侵害。群体性事件是农民采取更为激烈的方式与地方政府进行博弈的结果，在短时间内造成利益矛盾迅速恶化。在城市化进程中，征地拆迁冲突通常是农民和地方政府谈判失败的结果，但它却是将利益补偿不公平的社会问题转变为地方政府治理中的公共问题的重要途径。因此，当群体抗争行为的强度和负面影响较大时，特别是在发生了大规模群体性事件之后，地方政府不得不就征地拆迁、土地利益补偿及其分配等问题进行重新评估或者作出妥协。

二 农民抗争的目标和特征

中国土地收益分配领域的农民抗争现象与西方社会学理论中的社会运动和底层抗争有很大区别，后者不仅具有明确的抗争目标，而且还有具体的价值和规范作为行为引导，呈现出高度组织化和制度化特征。以农民个体上访为例，政府权威和合法性与农民个体上访紧密相连，上访制度是国家的正式安排，它依然是一种权利救济的基本方式，各种缠访、闹访行为主要以经济利益诉求为核心，并没有演变为对社会体制叫板的境地。因此，中国城市化进程中的土地冲突本质上属于利益冲突，它的发生具有较为明确的利益根源，农民抗争行为的主要目标也就是为了提高征地补偿标准，改变地方政府制定的利益分配规则，抗争强势利益集团过多地攫取土地收益。一方面，大多数农民在抗争时仍高度地认同地方政府是矛盾冲突的化解者，只要地方政府能够适当地作出利益妥协，农民就会主动地降低利益抗争强度；另一方面，当农民的土地利益诉求得到满足时，他们将会理性地结束利益抗争过程。

因此，从农民抗争的目标可以看出，他们在征地拆迁中的利益抗争具有利益表达的特征，群体抗争实质是一种草根动员的社会过程，组织较为涣散以及政治目标极十分模糊，这些抗争行为不完全认同于精英、也不完全代表底层[1]。农民抗争行为的分散性并不意味着土地冲突不严重，在对农民维权抗争事件调查时，有学者发现65%的维权现象来源于征地拆迁引致的土地纠纷，认为中国底层社会的政治生态正不断恶化，各种矛盾纠纷事件侧面地折射出地方政府治理过程中存在的问题，以群体抗争和群体性事件为手段的抗争具有"抗争性政治"的内在逻辑，农民在征地拆迁中的利益抗争行为仍然呈现出频率较多、强度较多以及影响范围较广的特征[2]。

第三节　冲突压力向下传导与刚性稳定格局

在土地冲突治理过程中，传统权威和非正式治理规则相互叠加，地方政府治理中的制度化规则不断遭到扭曲，策略化治理手段使非正式规则逐渐取代了正式规则，且非正式规则在矛盾冲突治理过程中发挥着越来越重要的作用。在策略化治理手段之下，征地拆迁和土地收益分配中的利益冲突在短时间内会得到解决，这源于：首先，以"属地管理"为原则的矛盾冲突化解机制最终被演变为上级政权将土地上访的压力转移给基层的通道[3]，土地冲突压力便沿着科层管道自上而下地向基层传导，基层政府便会竭力地控制和处理这种冲突。由此可见，土地冲突从乡土社会产生又被压回了乡土社会。其次，地方政府通过这些策略化治理手段给农民施加了巨大的压力，包括强制、关系、道德等多个方面，分散化、原子化的农民不得不最终作出妥协。最后，在以经济增长为中心的发展主义思维支配下，农民获得的土地收益较低却付出的成本较大。在征地拆迁和土地开发中，地方政府通常以地方经济发展的公共目标来要求农民配合工作，却忽

---

[1] 应星：《草根动员与农民群体利益的表达机制——四个个案的比较研究》，《社会学研究》2007年第2期。
[2] 于建嵘：《抗争性政治：中国政治社会学基本命题》，人民出版社2010年版，第4—13页。
[3] 秦小建：《压力型体制与基层信访的困境》，《经济社会体制比较》2011年第3期。

视了对农民土地权益的充分维护。

在以信访维稳为社会矛盾的解决机制中，农民和地方政府在基层治理场域中不断互动，农民上访充满着情境性和策略性，地方政府在治理农民上访中陷入了困境[1]。在此背景之下，地方政府策略化治理必然引起农民的策略化抗争，农民也理性地利用非制度化的抗争方式来迫使地方政府妥协。因此，一个衍生性后果出现了：在压力型体制和极端"维稳"思维的影响之下，部分农民甚至从"合理抗争"走向了"谋利型抗争"[2]。被征地拆迁农民的策略化抗争是对地方政府策略化治理的理性抗争，他们一方面通过指出非正式规则的不合法性来维护土地权益；另一方面也利用这种非正式性来谋取更多利益。在策略性反抗过程中，农民基于与地方政府互动的现实场景，会采取形式更为多样的抗争手段。面对这样的情形，地方政府又不得不采取更多样化的策略化治理，最终演化出合法性、正式性更低的治理手段，它增加了化解社会矛盾和利益冲突的治理成本，社会结构逐渐形成了一种具有韧性较低、脆弱性强的"刚性稳定"特征。

一 农民策略性抗争与去制度化治理的后果

在土地上访过程中，被征地拆迁农民不仅使用不合作、暗地反抗等"弱者的武器"来与地方政府在征地拆迁中进行抗争，他们甚至将"弱者身份"作为一种利益抗争的"武器"，通过持续缠访、闹访以及群访等方式进行策略性地"依势博弈"，以某种"道德化"理论迫使地方政府满足其利益需求[3]。被拆迁农民越来越意识到单个力量无法对抗地方政府策略化的治理手段，他们理性地通过"闹大"的方式来反映自身利益诉求，政府则以"兜底"方式来化解这种社会冲突，造成微小的土地

---

[1] 狄金华：《情境构建与策略表达：信访话语中的国家与农民——兼论政府治理上访的困境》，《中国研究》2014年第18期。

[2] 田先红：《从维权到谋利——农民上访行为逻辑变迁的一个解释框架》，《开放时代》2010年第6期。

[3] 董海军：《作为武器的弱者身份：农民维权抗争的底层政治》，《社会》2008年第4期；同时请参见董海军《依势博弈：基层社会维权行为的新解释框架》，《社会》2010年第5期。

利益纠纷转化为集体性的利益对抗①。在信访和维稳体制下,被拆迁农民策略性抗争手段以上访为载体,在实践中演变出多种多样抗争"剧目",它的核心目的是在常规抗争之外,给地方政府施加更多的行政压力,迫使地方在制度化解决渠道之外,以"息事宁人"的方式处理利益矛盾和纠纷。

地方政府治理的制度化、适应性和稳定性水平下降是策略化治理不良后果的重要体现。首先,为了化解征地拆迁和利益分配中日益严重的土地冲突,动员式、关系式、威胁式等策略化治理手段在实践中不断"常规化",成为地方政府化解利益矛盾和社会冲突的重要工具选择,策略化治理手段取代了正式治理的制度规则和权威。为了化解被征地拆迁农民的利益抗争,地方政府甚至不得不弹性地给予抗争者更多的利益补偿,固化了农民抗争力度和利益补偿间的扭曲关系,正式的制度规则和征地拆迁补偿标准遭到侵蚀,地方政府治理的制度化水平不断下降。其次,策略化治理手段不仅没有化解征地拆迁和土地收益分配中的利益冲突,反而引发了更多的利益矛盾和社会问题,正式制度在治理过程中越来越不适应土地冲突的变化。面对征地拆迁中大规模的农民抗争,地方政府既不能坐视不管,又不能找到合理的化解方法,陷入非正式治理的路径依赖之中。实际上,策略化治理手段并没有从根本上化解土地冲突,随着社会矛盾和利益冲突的积累,由征地拆迁引发的群体性事件将会对地方政府治理的稳定性造成严重的负面影响。地方政府治理在短时间内出现了剧烈的"失序",土地冲突由此成为经济发展和社会和谐稳定的"顽疾"或者"雷区"。

二 农民利益抗争的异化与经济利益俘获

"谋利型抗争"是土地冲突的一种极端表现形式,它是策略化治理条件下农民抗争行为地演变和异化。在征地拆迁过程中,农民为了获得更多的利益补偿,已经演变出多种多样的"谋利型抗争"形式,它已经突破了

---

① 杨华:《"政府兜底":当前农村社会冲突管理中的现象与逻辑》,《公共管理学报》2014年第2期。

以"维权"为目标,转变为通过策略化抗争手段谋取经济利益[①]。以农民上访为例,谋利型上访的重要标志是"专业上访户"的出现,这些上访者在征地拆迁中通过无理缠访或为他人代理上访而获得各种额外利益。更为严重的是,在上访专业户中开始逐渐呈现出职业化的特征,分化出了恶性上访事件的组织者,通过持续性上访给政府部门施加政治压力,从而达到为相关利益主体谋利的目的。上访从最初的维权逐渐分化演变出谋利以及职业化特征,诉求的合理性越来越得不到正式规则的认同。由于地方政府尚未构建出权威性的治理制度,以谋利为特征的上访依然寄存在社会结构的边缘,严重地恶化了征地拆迁中的利益矛盾,土地冲突的治理变得越来越困难,降低了地方政府的治理绩效。

"钉子户"是地方政府策略化治理土地冲突不良后果的另一种表现形式,他们通过长时间地拒绝与地方政府合作,迫使地方政府在征地拆迁中作出妥协,但核心目的仍在于获得更多的征地拆迁补偿。征地拆迁使农村或城郊地区变为利益密集地区,利益密集必然产生利益博弈,而利益密集型地区治理的首要问题是解决"钉子户"问题,"摆平术"和体制外的社会势力等非正式治理是解决"钉子户"的重要路径[②]。在密集的经济利益输入下,农民由于通过正式渠道不能合理地分享土地带来的收益,他们发现只有通过利益抗争才能扭转利益分配的格局,便纷纷地采取高强度的极端抗争形式。由于"钉子户"的抗争力度极强和利益矛盾尖锐,地方政府如果稍有处理不当的行为,就容易引发负面影响极大的社会事件。在这样的情形下,地方政府又继续借助动员式、关系式以及威胁式等策略化治理手段,"软硬皆施"地使"钉子户"放弃抵抗,最终完成征地拆迁和土地收益分配过程,顺利地推进城市建设和土地开发。

"钉子户"以极端抗争方式摆脱了征地拆迁中无组织农民的弱者地位,

---

① 田先红:《当前农村谋利型上访凸显的原因及对策分析——基于湖北省江华市桥镇的调查研究》,《华中师范大学学报》(人文社科版) 2010 年第 6 期。
② 贺雪峰:《论利益密集型农村地区的治理——以河南周口市郊农村调研为讨论基础》,《政治学研究》2011 年第 6 期。

他们不再是被抽象化了的弱者，往往能够凭借激烈抗争获得超额的经济利益[①]。因为在治理实践中，经济利益俘获是地方政府解决征地拆迁中的"谋利型抗争者"和"钉子户"等问题的终极治理手段，它也是策略化治理的极端表现形式。当所有的策略化治理手段都失效的时候，地方政府不得不通过给予更多的征地拆迁标准为条件，要求继续抗争者放弃抵抗。随着地方政府越来越依靠策略化治理来化解土地冲突，农民也就越来越通过策略化手段来抗争，经济利益俘获就成为土地冲突治理的主要手段。因此，在征地拆迁过程中，抗争强度与利益补偿呈现出正相关关系，抗争强度越多，农民获得的征地拆迁补偿越多，征地拆迁补偿呈现出"会哭的孩子有奶吃"的内在逻辑。农民开始在制度性抗争之外给地方政府制造更多的事端和麻烦，土地冲突治理的正式规则被"潜规则"所取代，正式权威的合法性以及与公众的信任关系遭到扭曲或瓦解，给地方政府治理带来了诸多不利影响。

三 社会秩序的刚性稳定与利益矛盾的积累

地方政府在土地冲突中的策略化治理手段本质就是通过行政权力运作和利益俘获等多样化方式刚性地化解利益矛盾和社会冲突，但权力的支配性和管制性是基本的特征，这些措施的目的就是要将土地冲突的压力控制在底层社会。因此，当地方政府利用策略手段成功地化解土地冲突时，征地拆迁和利益补偿标准就会得到顺利地执行，地方政府就暂时地从土地冲突中退出，结果就是维持了社会秩序的刚性稳定。这种刚性稳定以政府权力管控为基础，缺乏对利益矛盾的制度整合和规范化的治理渠道，忽视了社会基本规则的建设和维护，忽视了经济发展的社会成本和社会公平，最终导致社会秩序缺乏弹性和韧度，在短期内实现了社会秩序的稳定，长期内却容易导致社会秩序出现动荡和大规模的社会冲突[②]。在土地冲突中，当地方政府通过策略化手段化解了农民抗争时，土地利益分配的压力就会

---

① 吕德文：《"钉子户"与"维权话语"的局限》，《文化纵横》2013年第3期。
② 于建嵘：《从刚性稳定到韧性稳定——关于中国社会秩序的一个分析框架》，《学习与探索》2009年第5期。

被传导到乡土社会内部,较低的补偿金额需要在村集体、农民以及农民个体之间进行分配。此时,从表面上看,地方政府和农民不存在着利益冲突,甚至是农民利益的重要维护者,地方政府会采取各种措施让征地拆迁补偿款在乡土社会公平地分配;然而,由于利益补偿标准整体水平较低等原因,乡土社会内部难以合理地分配征地拆迁补偿收益,依然存在着多种多样的利益矛盾。

在这种刚性稳定的社会秩序下,土地冲突的内在矛盾没有得到根本性地化解,各种社会矛盾和利益冲突加速地在社会系统中汇集和积累。一方面,大规模的城市建设项目开发需要征地拆迁,在现有的经济增长和利益分配机制下,征地拆迁将会给社会系统中输入大量的社会矛盾和利益冲突;另一方面,在压力型体制下,土地冲突又不能通过制度化方式得到治理,只能借助行政权力刚性地将其向底层社会传导,最终导致社会冲突在社会系统中继续发酵和酝酿。因此,在快速城市化进程中,征地拆迁引发的社会冲突已成为影响社会秩序稳定的重要因素。土地冲突像滚雪球式地越来越多,地方政府就越借助策略化治理手段,通过行政权力的策略化运作和管控来堵塞利益矛盾,社会秩序就越来越缺乏弹性和韧度,这种刚性稳定的治理格局就会在基层不断固化。美国社会学家科塞认为,当社会冲突有制度化的渠道整合和化解时,它实际上是社会系统运行的"安全阀",社会压力得到合理释放或整合,降低了社会结构中的紧张和压力。相反,当缺乏制度化的调节方式时,社会冲突的积累有可能冲破社会系统可承受的压力,最终导致剧烈的群体冲突。

表 4-2　　　　　　　1993—2011 年:中国的群体性事件表　　　　单位:件

年份	群体性事件总数	农村群体性事件	征地拆迁引发的群体性事件
1993	0.87 万	4350—6090	2175—3959
1994	1 万	5000—7000	2500—4550
1999	3.2 万	16000—22400	8000—14560
2003	5.85 万	29250—40950	14625—26618
2004	7.4 万	37000—51800	18500—33670

续表

年份	群体性事件总数	农村群体性事件	征地拆迁引发的群体性事件
2005	9.6万	48000—67200	24000—43680
2006	9万以上	45000—63000	22500—40950
2009	18万	90000—126000	45000—81900
2011	18.25万	91250—127750	45625—83038

数据来源：张玉林：《大清场：中国的圈地运动与英国的比较》，《中国农业大学学报》（社会科学版）2015年第1期，数据由张玉林教授根据各种资料推算而来。

从表4-2可以看出，近年来，因征地拆迁引发的群体性事件在不断上升，已成为农村社会的主要社会矛盾。当刚性稳定发展到极端时，地方政府就不得不花费大量的治理成本来维系社会的稳定，官员们则以追求短期内"不出事"为冲突治理目标，结果就是土地冲突的扩散和蔓延。因此，地方政府治理方式的不合理是土地冲突扩散、蔓延的重要原因，治理规则和手段构成观察利益矛盾和冲突的重要途径。

第四节 由土地冲突向"土地风险"的转化

在第三章和第四章前述分析的基础上，城市化进程中的土地冲突在现有地方政府治理结构下产生和扩散的内在机理得到了阐释，政府主导和成本转嫁是土地冲突发生的利益根源，策略化治理与追求刚性稳定的治理目标是土地冲突扩散的社会过程。这两大作用机制在实践中相互作用，建构了地方政府在整合土地资源和化解征地拆迁中的行为逻辑，成为解释城市化进程中土地冲突的重要路径，透过城市化"动力机制"、土地收益的"分配机制"以及社会治理的"稳定机制"的内部过程，使土地冲突发生和扩散机理变得极为明晰。

一 土地冲突发生和扩散的诱发机制

在经济领域，地方政府利用权力机制向市场机制延伸，通过直接经营城市和经营土地等方式，最大限度地控制和攫取土地增值收益，积累推进城市化的原始资金，强力推进城市建设和经营性土地项目开发，建立起城市发展的"发动机"。在这个动力过程中，地方政府需要通过征地拆迁来保证土地供给，由于地方政府在这个过程中居于主导地位，土地交易和开发中的矛盾和冲突就集中在地方政府与农民之间。在利益分配领域，地方政府在经济利益的逻辑支配下，城市建设和土地经营中的经济成本被转嫁到被征地拆迁农民等弱势群体身上，他们不仅获得的征地拆迁补偿较低，还在城市化进程中面临着"双重剥削"现象，面临着较高的市民化门槛和成本。因此，政府主导的城市化和该过程中的成本转嫁是土地冲突发生的利益根源，核心就是如何处理好土地收益的分配公平问题。

在社会领域，地方政府在信访和维稳等压力型体制下构建起了系统化的策略化治理机制，利用多种多样的策略化治理手段强力地化解土地冲突，从而建立起城市发展的"稳定器"。但是，这是一种片面的"刚性稳定"，其结果是土地冲突不仅未能从根本上得到消解，反而在社会系统中不断蔓延和扩散。一方面，策略化治理手段必将激起农民的策略化抗争，使征地拆迁和土地收益分配中的利益矛盾更加复杂化；另一方面，策略化治理手段最终演变为通过利益俘获等方式来治理"谋利型上访""钉子户"等社会矛盾，导致正式的治理规则遭到扭曲和瓦解；因此，策略化治理和刚性稳定是城市化进程中土地冲突蔓延和扩散的社会过程，核心问题就是土地冲突是否得到了制度化的调节和根本性的治理。

然而，地方政府为推进城市化的"发动机""稳定器"违背了经济发展和社会治理的客观规律，农民的土地权益没有得到充分地保障，土地冲突的内在矛盾没有得到根本性化解，城市化进程中的土地冲突逐渐演变为复杂的社会矛盾，甚至是影响经济发展和社会系统稳定运行的社会风险，使中国成为一个对土地利益分配十分敏感的"风险社会"。

二 综合作用的后果：土地风险的形成

在土地冲突发生和扩散的综合作用机制的共同作用下，由于忽视了农民土地权益和利益矛盾的不断输入、掩盖以及积累等原因，土地冲突最终演变为社会系统中的一种社会风险，即土地风险。土地风险是土地冲突的一种新的衍生形态，它是指城市化进程中的土地冲突由显性的、直接的利益冲突转为一种间接的、潜在的风险形态,这种风险既来自于土地系统内部,又包括土地系统外部的各种风险,这种风险对政治、经济以及社会秩序构成了不确定性的威胁[①]。例如,中国城市化进程中出现了大规模的被征地拆迁农民,他们既缺乏留在农村的物质资源,又不能融入城市之中,逐渐沦为社会底层中无组织化的"游民",社会结构的变迁超过了制度化整合的速度,被征地拆迁农民市民化不足是一直与土地有着直接关系的风险,对社会秩序的稳定产生了极大的不利影响;中国城市化依赖于地方政府通过土地融资获取的资金,随着地方政府的债务规模越来越大,征地拆迁的规模也就越来越大,而这些资金又没有用于偿还银行贷款,地方政府债务风险也就十分大,对整个经济运行都会产生不利影响,这是一种与土地间接关联的一种风险。在城市化进程中,土地风险具有极大的不确定性,在政治、经济以及社会领域都有表现。

在中国快速城市化进程中,透过行政主导与成本转嫁、策略化治理与刚性稳定这两大作用机制,土地冲突和土地风险相互联系、相互作用以及相互转化。一方面,随着土地冲突在社会系统中不断堆积,该种社会矛盾逐渐向其他领域蔓延,最终形成一个巨大的风险网络;另一方面,土地风险在城市化进程中又不断转化为公共治理过程中的社会冲突事件,直接对社会系统的运行造成挑战。最终,土地冲突演变为一个巨大的土地风险网络。中国城市化进程中的土地风险具有明显的特征:首先,土地风险的表现形式多种多样,从土地领域向其他系统逐渐蔓延,已包括政治、经济以及社会等多个方面;其次,土地风险具有极大的不确定性,外部微弱力量的刺激都有可能使土地风险转化为大规模的社会冲突,反过来又进一步加剧社会系统运行的风险。至此,透过地方政府治理这个视角,论文已从理论上阐述了城市化进程中土地冲突发生、扩散以及演变的内在机理,构建起了土地冲突演变机理的理论分析框架(见图4-1),为田野调查和实证研究奠定了理论基础。

[①] 刘祖云、陈明:《从"土地冲突"到"土地风险"——中国农村土地问题研究的理论进路》,《中国土地科学》2012年第8期。

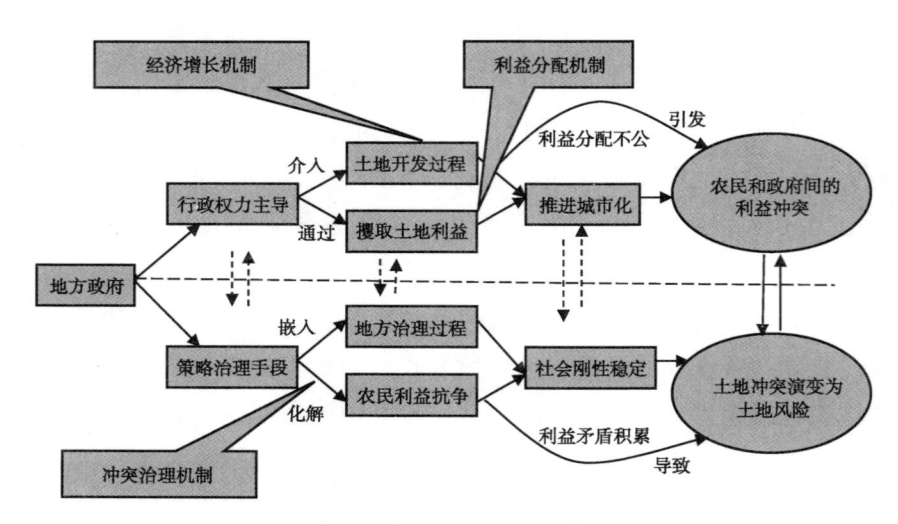

图 4-1 土地冲突在地方政府治理结构中的建构机制图

第五节 本章小结

本章研究主题在于解释中国城市化进程中土地冲突扩散的社会过程。首先，在征地拆迁和土地收益分配的过程中，农民通常会使用不合作、上访以及群体抗争等手段与地方政府进行利益博弈，他们的核心目的在于维护自身的土地权益。其次，为了化解日益严重的土地冲突，在信访和维稳等压力型体制下，地方政府构建起了系统化的策略化治理手段，通过权力边界向社会治理领域延伸，利用体制内的权威资源、乡土社会中的社会关系以及体制外的社会势力，要求农民配合征地拆迁工作和接受既定的利益分配标准。在农民抗争和地方政府策略化治理的互动中，不少利益冲突都能够得到刚性地化解，因为地方政府策略化治理手段具有极大的强制性，具有行政权力支配的特征，处于弱势地位的农民无法与权力理性进行对抗。然而，地方政府策略化的治理手段也必然引起更多的农民进行策略化抗争，不仅没有从根本上化解土地冲突，反而引发了更多的社会矛盾和利益冲突。

为了获得更多的征地拆迁补偿，越来越多的农民依靠缠访、闹访以及其他策略化抗争方式"捆绑"地方政府。由于在土地冲突治理过程中,非正式的"潜规则"取代了正式的"明规则",地方政府只能通过经济利益俘获这一极端的策略化治理手段来化解农民的抗争,最终导致一个结果:农民抗争力度和土地收益补偿呈现出正相关关系。在短期内,地方政府凭借策略化治理手段将土地冲突压力管控在社会底层,实现了社会系统运行的刚性稳定;但长期看,土地冲突如同滚雪球一样在社会系统中不断堆积和扩散,逐渐向政治、经济以及社会等领域蔓延,成为地方政府治理的"顽疾"。

最后,结合第三章的理论研究,透过地方政府治理这个视角,完成了对城市化进程中土地冲突演变机理的理论构建,认为政府主导与成本转嫁是土地冲突发生的经济根源,而策略化治理与刚性稳定是土地冲突扩散和转化的社会过程。最终,土地冲突在社会系统中逐渐转化为土地风险,具有极大不确定性和高危害性的特征。由此,土地冲突发生、扩散以及转化等演变过程被完整地勾勒出来,田野分析和实证研究的理论框架正式确定。

第五章　土地冲突问题的田野调查整体描述

本章主要内容为描述田野调查的基本过程，对调查区域城市化进程中土地冲突的基本情况进行介绍。田野调查属于人类学的研究方法，在社会学领域运用十分广泛，作为一种质性研究方法，它通过实地观察和与调查对象共同体验等手段，搜集实证研究所需要的个案、事件以及材料。这种经验研究方法有利于提升理论解释的丰富度，避免了定量研究中单纯利用模型来推理变量之间的关系，它更有利于完整清晰地阐述所研究的问题[①]。本章将田野调查法引入公共管理领域，目的在于更加科学地对理论命题进行回应、总结和扩展。在田野调查中，本章还将使用到多案例研究方法，搜集具有典型性和代表性的案例，增强理论研究的信度和效度。多案例研究将对所涉及的个体进行详细的访谈，对所涉及的场域进行体验，对所涉及的事件进行追溯。多案例研究的重点在于对事件的把握，本章将运用"事件—过程方法"对田野调查中观察到的土地冲突事件进行追溯，对利益相关者进行深入访谈，从而提炼出影响土地冲突演变的因素。

在质性的田野调查和案例研究之外，为了进一步提升理论研究的信度和效度，本章也运用统计学的一些方法搜集和归纳客观的数据，通过问卷调查方法对有关问题进行详细研究，这些内容将在第五、第六两个章节体现出来。本章首先对田野调查过程和土地冲突情况整体描述，由此说明调查区域城市化进程中土地冲突的基本情况，为第六章深入地展开实证研究提供背景性知识。

---

① ［英］希尔弗曼：《如何做质性研究》，李雪、张劼颖译，重庆大学出版社2009年版。

第五章　土地冲突问题的田野调查整体描述

第一节　田野调查的基本过程和整体描述

本书作者所在学术团队于2011年初开始关注到城市化进程中的社会冲突问题，并零散地开展了几次针对该主题的调研，发现土地冲突是城市化进程中最为突出的表现形式。因此，本书选择土地冲突作为具体研究对象，结合经济学、公共管理学和社会学等多个学科视野，以地方政府治理为视角，以政治经济学为思路构建解释框架，着重阐述中国城市化进程中土地冲突演变机理及一般过程。由此，针对城市化进程中土地冲突问题，本书以科研团队形式先后在中部地区某省E市（地级市）信访局、L市（县级市）、G开发区、H新区4个地方开展了4次田野调查研究[①]，其中：E市信访局的调查时间为2012年7—9月，调查天数约为60天，此次共有6人参与调研；L市的调查时间为2013年7月，调查天数为15天，此次共有5人参与调查；G开发区的调查时间为2013年8月，调查天数为13天，此次共有6人参与调查；H新区调查时间为2014年8月，调查天数为13天，此次共有3人参与调查。4次田野调查中，第一次由本书作者导师领队，后3次由本书作者领队，调研团队成员对观察对象都有详细记录，每天都坚持写调查日志，每晚都要对所观察问题进行讨论，彼此激发学术灵感。此外，笔者在2014年12月利用3天时间对G开发区和H新区进行了回访，主要了解当地采取了哪些新的治理工具来应对土地冲突，为治理机制设计积累素材。

一　E市信访局调查过程和对象描述

土地冲突是一个已经抽象化了的学术概念，按照本书对其内涵和外延的界定，田野调查中将其具体化为因为征地拆迁而产生的农民上访、利益分配冲突、群体性事件以及其他因为征地拆迁而产生的社会矛盾和利益冲突。信访维稳是观察中国社会转型期社会矛盾和冲突的重要窗

[①] 遵照学术惯例，本书对所涉及的地名和人名都进行了技术处理，只保留了基本的信息，以供学术研究使用。

口,通过对信访局这一地方政府中职能部门的调查,既可以了解到社会冲突的集中点和表现形式,又能够掌握底层农民如何反映各种利益诉求,更能够直观地观察到地方政府是如何处理底层社会中的矛盾和冲突的。E 市是中部某省重要的工业城市。E 市信访局承担着该市信访和维稳两种职能,主要职责是接收和处理人民群众来信来访、批转信访事项的处理情况以及重点矛盾和人群的维稳工作。根据实际情况,此次调研团队 6 人分为两个小组:3 人到信访局接访科观察实习,3 人到办信科观察实习。经过调查发现,接访科的主要职责包括以下三个方面:接待公众个体和群体上访,对公众所反映的利益诉求进行登记;向有上访者所在的县(镇)以及问题所涉及的部门了解情况;安排和协调市领导每月的群众接访事宜,对领导包案的重大信访案件进行追踪和汇报。办信科的主要职责是:处理和批转上访至本级的信访案件;对省、中央以及其他上级领导或部门批转的信访案件进行处理;对来信所涉及的比较突出的利益矛盾突进行了解和协调。此外,维稳工作主要包括两个方面:对重点维稳事件和对象进行跟踪了解;处理到市委市政府以及其他有关部门大规模上访、闹访和缠访的紧急事件[①]。

通过在 E 市信访局的观察和访谈,笔者从整体上掌握了改革开放以来 E 市社会矛盾的变化:20 世纪 80 年代初上访案件集中在冤假错案和企事业单位改革职工权益损害等方面;20 世纪 90 年代上访案件多集中在农村税费和国有企业下岗职工权益方面;21 世纪这十几年间社会矛盾多集中在劳资纠纷和征地拆迁冲突方面,其中与土地有关的征地拆迁冲突、农民养老问题以及群体性事件等问题成为信访和维稳工作的主要方面[②]。在对 E 市信访局干部 C 进行访谈时,他认为与土地有关的问题成为信访维稳难点的原因有三个方面:第一,利益敏感性较强,政府部门很难协调这种利益矛盾,农民在征地拆迁中或多或少都有利益受损的情形;第二,利益矛盾突出和规模较大,大规模征地拆迁致使利益矛盾在

[①] 资料来源于 E 市信访局,部分来源于笔者的访谈和经验观察。

[②] 来自对 E 市信访局老干部 C 的访谈,他在信访系统工作时间长达 20 多年,由于处理矛盾纠纷的经验比较丰富,退休后返聘继续在信访局工作。

短期内爆发;第三,地方政府部门通常介入到征地拆迁过程,牵扯到的利益关系极为复杂,导致矛盾纠纷处理难度增大[①]。一般而言,信访部门能够很好地处理一些传统的小矛盾或者小纠纷,却很难解决诸如土地冲突这种直接涉及经济利益的矛盾。因此,土地冲突已成为E市信访维稳工作的重点难点,时常发生因征地拆迁问题围堵政府大门、群体性上访以及其他冲突事件。

在E市为期两个月的观察实习,笔者还详细总结和发现了政府部门在应对社会矛盾时使用的治理工具,这一点将在实证研究部分详细地讨论。在这之后,笔者选择了3个区域展开了更为详细的调查研究。

二 其他"三地"的调查过程和对象描述

L市地处中部某省西部山区,笔者的调查团队主要在此了解城市化进程中土地冲突发生的利益根源。L市的田野调查分为三部分:第一,以L市城区DT街道办事处为实地调查区域,重点以DT街道办ZM村为个案研究,以此为个案着重了解L市征地拆迁如何推进、利益如何补偿以及矛盾纠纷的表现形式,对ZM村的"村两委"负责人和村民进行深入的访谈和观察,笔者还到现场亲身体验地方官员时如何推进征地拆迁和处理矛盾纠纷的[②];第二,对有关职能部门进行详细访谈,包括国土、住建、规划、发改、招商、拆迁办、信访维稳综治、人社局以及就业局等部门,主要了解L市城市规划和建设、项目开发、征地拆迁、矛盾纠纷处理、失地农民保障和再就业等方面的信息;第三,对几起典型的土地冲突事件进行追溯,详细地对利益关联方进行了访谈和走访,总体地勾勒出事件发生的经过和利益根源。在L市的田野调查有两个有趣的发现:首先,掌握了地方政府如何推进城市化以及土地开发工作,特别是理解了地方政府行为的内在逻辑;其次,厘清了城市化进程中土地冲突的表现形式和利益根源,对地方政府治理土地冲突的过程有了整体理解。

---

① 摘自E市访谈记录和田野调查笔记。
② ZM村已全部纳入到L市新城规划,该村土地和农村房屋因城区建设、道路建设以及商业住宅等都需要被征用或者拆除。因此,这个个案具有很强的典型性和代表性。

G 开发区①是一个国家级经济技术开发区。由于城市建设和大规模开发项目的需要，经过十几年发展，G 开发区征地拆迁规模早已超出了规划范围，进入了全域开发状态。为了进一步勾勒出城市化进程中土地冲突发生的利益根源和一般过程，本次田野调查主要有以下三个步骤：（1）走访 G 开发区国土、住建、发改、招商、拆迁办、信访维稳以及人社局等部门进行了访谈，借助田野调查的机会对 G 开发区主要领导就征地拆迁有关问题进行了访谈；（2）调研团队分 3 个小组，每个小组 2 人，以个案研究形式详细地访谈了 53 位因征地拆迁问题而上访的农民，总结和归纳农民上访的手段、利益冲突的焦点以及地方政府处理情况等方面内容；（3）选择了 3 个征地拆迁安置社区，进行了实地访谈，重点了解失地农民养老和再就业方面的困境。

H 新区是 E 市 2013 年打造的七大新区之一，由一个省级旅游度假区和镇级人民政府合并而成，是一个副县级派出机构。由于城市建设、项目开发以及旅游房地产的需要，新区面临着大规模的征地拆迁，也进入到了全域开发状态。在 H 新区，笔者主要了解城市化进程中土地冲突演变的社会过程，本次田野调查主要分为三个部分：（1）观察和了解地方政府所采取的哪些治理工具对于化解土地冲突是无效的，它们在实践中是如何作用于土地冲突并使其蔓延和转化的；（2）观察和了解地方政府所采取的哪些治理工具对于化解土地冲突是有效的，探究这背后的内在机理；（3）对 H 新区社会事务局和征地拆迁办等部门进行了访谈。通过这一次田野调查，为创新城市化进程中土地冲突治理机制奠定了基础。

上述 4 次田野调查尽管有相互重复、叠加之处，却在理论研究中构成了一个整体，相互联系、相互印证，对土地冲突现状、治理工具、地方政府行为等问题进行了深入的研究，有利于从不同层次、不同角度观察土地冲突的演变。经过这 4 次田野调查，资料收集的丰富性得到了充分的保障。

---

① 从国家行政管理角度看，开发区属于一级政府的派出机构，不属于一个单独的人民政府。作为田野调查的需要，仍可以观察出地方政府的行为逻辑。G 开发区由一个镇级人民政府和开发区派出机构合并组成，所在市将其级别设定为副厅级。

第二节 调查区域城市化与土地冲突的基本情况

在 E 市信访局的田野调查中，笔者获得的一组数据显示，该市 2012 年 1—9 月个体上访总量 6789 件，其中涉及征地拆迁的上访数量为 2531 件，因为养老、再就业和安置问题上访的数量 439 件，与土地有关的上访占到了所有上访案件的 41.1%。此外，2012 年 1—9 月间，E 市发生了多起群体性事件，1 起为交通事故引发，其余全部由征地拆迁以及失地农民群体上访造成。在 E 市 2012 年上半年矛盾纠纷排查过程中，45 起重大矛盾纠纷案件中有 30 件为征地拆迁，2 件为失地农民养老保险和再就业问题[①]。由此可见，土地冲突已成为 E 市所面临的主要社会矛盾，征地拆迁主要源于利益补偿不公平，失地农民上访则主要是因为缺乏养老保障和基本生活无保障。E 市的田野调查主要是宏观的经验总结，L 市、G 开发区和 L 新区的调查则更能够说明城市化进程中土地冲突的基本情况（为简便，以下简称"三地"）。

一 "三地"城市化和征地拆迁情况

在 L 市，笔者对城市化进程中的土地冲突进行了详细地调查。该市城市建设"十二五"规划指出，城市化率由"十一五"末的 30% 提升到 35%，城区建成面积由"十一五"末 13 平方公里增加到 20 平方公里，人均城市道路面积由"十一五"末的 9.5 平方米达到 11.2 平方米以上，商品房新开工 150 万平方米。从这些指标可以看出，L 市城市建设将进入到一个高速发展时期，城市化率和城区建设面积都将大大提升[②]。2012 年 L 市全年征收土地 8000 多亩，完成拆迁 43 户。2013 年上半年征收土地 4000 多亩，完成拆迁 40 多户，预计全年要完成拆迁 200 多户[③]。

[①] 该组来源于笔者对 E 市信访资料的总结，具体情况摘抄自 E 市关于当前信访案件的情况汇报。

[②] 资料来源于 L 市城乡规划局。

[③] 资料来源于 L 市征地拆迁指挥部办公室。

为了进一步推进城市建设，L 市 2013 年确定了 19 个城市重点建设项目，项目划定红线范围内的土地需求面积将约为 5000 亩左右①。在项目拉动下，L 市进行了城市新区和各类园区建设，预计 2013 年土地总需求面积将会超过 1 万亩。田野调查发现，征地拆迁已成为 L 市经济发展中重点工作之一。

G 开发区是所在市城市化的重点区域以及工业中心，也是所在市正在打造的城市新区，因而该地的征地拆迁规模要远远超过 L 市。自 20 世纪 90 年代成为省级开发区时，该地就开始了城区和工业园区建设，2012 年升级为国家级开发区后，项目建设的力度和规模大幅度提升。2010 年以来，G 开发区对老城区进行了全方位改造，利用毗邻省会城市的优点，城市空间不断向外围蔓延。保障工业发展的用地需求是 G 开发的重点任务，该地 2012 年确定了 49 个重点招商引资项目，划定红线范围内的土地需求面积高达 21087 亩，其中需要拆迁的农村房屋数量高达 5724 户②，土地需求面积占开发区总规划面积的二分之一以上，占开发区国土总面积的五分之一左右。在 G 开发区，多数基层干部都承担着完成征地拆迁任务。

H 新区是 E 市重点打造的新城之一，进行了大规模的房地产开发，在该地的田野调查主要是了解土地冲突的治理。1993 年当地引入第一个开发项目，建设高尔夫球场和商务酒店，两期开发共征地多达 4000 余亩。2005 年以后，该地项目开发速度加快，截至 2012 年该地共引进招商项目共计 55 个，规划内面积 29298 亩，加上基础设施建设和新型社区建设，规划内总面积达 32486 亩③。2013 年，H 新区与所在省的国有投资公司签订了"全域开发"的战略协议，项目开发的力度将会进一步提升。

---

① 资料来源于 L 市住房与城乡建设局和经济发展局，19 个重点项目未能明确列出土地需求面积，笔者找到了部分项目的规划书，由此确认项目土地需求面积在 5000 亩以上；红线范围就是每个项目所涉及的地块，范围内就要进行征地拆迁。

② 资料来源于 G 开发区国土资源分局，数据由笔者根据每个项目规划用地加总而来。

③ 资料来源于规划建设局和经济发展局提供的项目建设清单，由调研团队整理而来，总面积包括过去几年间的数据。

二 "三地"土地冲突的基本情况

笔者对 L 市信访维稳和综治方面的情况进行了详细地了解。从 2012 年 L 市四个季度对社会治安维稳形势的分析来看，该市全年共排查各类纠纷 2408 起，其中涉及土地问题的 907 起（征地拆迁），占全部矛盾纠纷排查的 37.8%，远远超过涉及婚姻、家庭以及邻里问题矛盾纠纷的 592 起。比较有意思的是，L 市与土地有关的矛盾纠纷调解处理率为 80% 左右，而家庭邻里纠纷等传统纠纷调解处理率高达 99%，这说明土地冲突矛盾更为尖锐、利益关系更为复杂[1]。因此，土地冲突成为当地矛盾纠纷治理的重点和难点，这一点可以从当地信访突出问题及化解社会矛盾包案责任制中可以发现[2]。L 市 DT 街道办事处 2012 年末集中处理的突出信访和社会矛盾共 38 起，其中涉及征地拆迁及其利益补偿的共 20 起，占所有集中处理事件的 52%[3]。

在 G 开发区，我们梳理了 2007—2012 年个体上访和群体上访的数据，见表 5-1、表 5-2 和表 5-3[4]。表 5-1 反映了 G 开发区 2007—2012 年个体上访的基本情况，2012 年 G 开发区上访事件总共为 280 起，因征地拆迁上访事件为 151 起，约占个体上访总数的 54%，因失地农民养老保障的上访事件为 23 起，占个体上访总数的 8.2%。2007—2012 年，因征地拆迁、失地农民社会保障而上访的数量显著地增长。实际上，因村组财务的个体上访事件中也有一部分与征地拆迁有关，主要反映乡村治理过程中村组干部挪用补偿款、土地分配不公的情形，属于乡村治理研究者关注的范围。

---

[1] 数据来源于 L 市维稳和社会治安综合治理办公室。

[2] 为了避免社会矛盾转化为群体性事件和越级上访等问题，L 市决定由当地领导干部"承包"化解突出的信访问题和社会矛盾，并签订"责任书"。

[3] 资料来源于 L 市征地拆迁指挥部办公室。在 L 市，当地涉及土地问题的上访都归由征地拆迁指挥部办公室处理。

[4] 本部分数据来源于 G 开发区信访办公室和所在 E 市信访局，表格和比例由笔者整理和统计得出，其中 2012 年群体上访的数据有一定缺失，上访理由归类参考了 E 市信访局向上级部门和领导汇报的有关资料。

表 5-1　　　　G 开发区 2007—2012 年个体上访事件统计表　　　　单位：件

年份	征地拆迁	企业改制	劳资纠纷	失地农民社保	环境污染	村组财务	项目施工	合计
2007	44	10	28	9	7	6	4	108
2008	46	13	38	14	9	11	8	136
2009	89	8	34	15	7	14	9	176
2010	123	14	33	19	9	20	8	244
2011	140	16	40	20	11	34	6	267
2012	151	12	39	23	9	36	10	280

表 5-2 反映了 2007—2012 年群体上访事件的基本情况。2012 年，群体上访总量为 56 件，其中因征地拆迁引发的为 34 起，占群体上访总量的 61%，失地农民社会保障 9 起，占群体上访总量的 16.1%[①]。2007—2012 这 6 年间，因征地拆迁造成的群体上访数量增长了五倍之多。由此可见，因征地拆迁引发的群体上访事件要高于个体上访事件，征地拆迁过程中农民的抗争力度要高于其他矛盾纠纷。

表 5-2　　　　G 开发区 2007—2012 年群体上访事件统计表　　　　单位：件

年份	征地拆迁	企业改制	劳资纠纷	失地农民社保	环境污染	村组财务	项目施工	合计
2007	7	6	3	4	6	0	6	32
2008	15	6	4	2	5	2	2	36
2009	22	3	1	2	5	5	2	40
2010	24	1	2	3	3	6	2	39
2011	26	0	7	5	2	4	0	44
2012	34	3	2	9	3	3	2	56

---

① 《信访条例》规定，群体上访不能超 3 人，3 人以上的群体上访需要选出上访代表到信访部门反映利益诉求。因此，在治理实践中，群体上访中的农民个体要远远高于信访部门登记的上访数量。

表 5-3 更为直观地反映了 G 开发区土地冲突的情况，为了简便，表 5-3 仅将因征地拆迁造成的上访事件归纳为土地上访。从表 5-3 可以看出，2007—2012 年 G 开发区个体上访中土地上访案件由 44 件上升到 151 件，占个体上访总量的比例为 54%，6 年间提升了近 20%的比率。而在群体上访中，土地上访由 7 件上升为 34 件，占群体上访总量的比例高达 60%以上，6 年间增长了近 40%的比率。在 G 开发区个体和群体上访都在增加，但土地上访所占比例最高，增长的幅度最大。

表 5-3　　　　　G 开发区 2007—2012 年土地上访统计表　　　　单位：件

年份	个体上访			群体上访		
	上访总量	土地上访	所占比例	上访总量	土地上访	所占比例
2007	108	44	41%	32	7	22%
2008	136	46	34%	36	15	41%
2009	176	89	51%	40	22	55%
2010	244	123	50%	39	24	62%
2011	267	140	52%	44	26	59%
2012	280	151	54%	56	34	61%

在 H 新区，笔者并未收集上述相关方面的资料和数据。但 L 市和 G 开发区的资料充分证明，城市化进程中的土地冲突已成为两地主要的社会矛盾和利益冲突，且发生频率和农民抗争强度都在持续增强。从 L 市、G 开发区和 H 新区，大致可以描述和总结出土地冲突的具体形式。

三　"三地"土地冲突的表现形式

通过对 L 市、G 开发区和 H 新区等地的调查，可以发现这三个地方的土地冲突十分严重。结合对当地政府部门、村组干部和农民的访谈，笔者认为城市化的土地冲突表现为两个方面：首先，征地拆迁补偿标准方面的冲突，核心在于土地收益在地方政府和农民间如何合理地分配，农民上访的主要原因就是征地拆迁补偿标准过低。例如，L 市 2013 年征地补偿标准为 5.9 万元/亩，当地政府通过"招、拍、挂"等方式获得的土地出让金为 250 万/亩，农民征地补偿款仅占土地出让金总额的 2.3%[①]；G 开发区 2013 年征地补偿标准为 3.9 万元/亩，当地主要是工业用地，土地出让金为 20 万元/亩，征地补偿款占土地出让金的 19.5%[②]；H 新区土地出让用途以房地产业为主，土地的市场价格较高，农民获得的收益比例与 L 市较为相近。从"三地"的数据来看，地方政府尽管在土地出让之前需要支付各类费用，其在农地非农化中获得的收益远远高于农民，由此引发了与农民的利益冲突（见案例 5-1、案例 5-2、案例 5-3）。

案例 5-1[③]　在 G 开发区 Z 村，由于少数几家农户始终不同意在征地拆迁协议上签字，导致了某市政工程无法正常开展。当地基层干部为了完成上级政府制定的目标任务，采用"诱骗"方式将几家农户稳定起来，在未经村民同意的情况下，强制铲除了农民土地上的青苗，联合拆迁公司对几家农户房屋进行了拆除。当几家农户发现时，征地拆迁已经为"既定事实"。自征地拆迁以来，Z 村这几家农户一直通过各种方式到当地政府反映违规拆迁的问题，被当地干部视为最不稳定的群体，是重点维稳对象。2013 年，这几户村民联合上访，当地干部在处理村民利益诉求时与他们发生了冲突。

案例 5-2[④]　在 L 市 DT 街道办事处 ZM 村 2013 年发生了多起因征地拆迁补偿标准过低引发的小型群体性事件。笔者在某集中安置小区对部分村民对其中一起冲突事件进行了追溯。当时被征地拆迁农民从开发商渠道了解到政府出卖土地价格为 200 万元/亩，而农民获得的补偿款才 3.9 万元/亩。不少农民觉得这很不公平，与前来做工作的政府干部发生了冲突，几十多位农民拉着横幅、情绪较为激动，要求与 L 市市委市政府对话。前来做工作的基层干部未能合理的控制局面，导致出现了打砸抢的过激行为。

[①] 数据来源于 L 市国土资源局，地方政府并不能完全地获得土地出让金，还需要支付"三通一平"等基础设施投资费用。
[②] 数据来源于 G 开发区征地拆迁办公室。
[③] 案例来源于对 Z 村的入村访谈，由 Z 村某村民小组组长描述。
[④] 案例来源于 L 市 ZM 村入村调查和访谈。

案例 5-3[①]　在 H 新区征地拆迁农民集中安置的 DW 社区，也因征地拆迁补偿标准发生了冲突事件。H 新区属于 E 市，在地理位置上却与所在省省会城市临近，这给当地制定补偿标准造成了极大困难。在 2013 年，所在省省会城市不仅提高了征地补偿标准，还以"土地换社保"形式为被征地拆迁农民购买了城镇居民养老保险。DW 社区被征地拆迁农民认为，H 新区补偿水平不仅在钱方面远远低于省会城市，而且还缺少养老保险等后续福利政策。他们指出，我们这不是要和省会城市攀比，各地情况不一样，但我们 H 新区的政策太不合理，政府获得的收益要远远高于农民，官员们没有考虑到农民的实际利益，这显然不公平。于是，在部分村民组织下，DW 社区不少农民采用"堵路"方式迫使政府妥协，与前来执法的公安警察发生了冲突。

其次，被征地拆迁农民后续安置方面的冲突，这也是土地冲突的重要表现形式。在 L 市、G 开发区以及 H 新区，由于缺乏就业和可持续生计来源，部分被征地拆迁农民逐渐贫困化和边缘化，这也是引发社会冲突的重要根源（见案例 5-4）。以养老保障为例，在 G 开发区自 20 世纪 90 年代开始征地以来，年龄为 60 岁以上的失地农民约有 1.1 万人，占总人口的比例 1/6 之多。这些年老的失地农民没有土地作为生计支撑之后，又无法到当地企业单位就业，自谋生路的能力非常差。在笔者调查过程中发现，这些年老的失地农民开始有组织地到各级政府部门上访，要求解决年老无保障问题。从 G 开区个体、群体上访统计也可以看出，被征地拆迁农民因养老保障问题上访的现象也日益严重。

案例 5-4[②]　在 G 开发区和 H 新区所在的 E 市，多年来由于大量项目落地和城镇建设扩张，产生了大量的失地农民。大多数年龄较小的失地农民仍然可以外出务工，或者通过在周边地区打零工方式维持生存。但对于年龄在 60 岁以上的失地农民，由于缺少必要的生活来源，他们开始通过

[①] 案例来源于 H 新区 DW 社区调查和访谈。
[②] 案例来源于 E 市信访局 2012 年上半年信访工作情况汇报，经由笔者整理而来。

各种方式要求当地政府解决失地后生活出路问题。2010年以来，当地发生了多起因征地拆迁农民生活没有出路的冲突事件，一群年龄较高的失地农民长期"有组织"地上访，信访局、维稳办的工作人员在处理这些矛盾冲突时，常常与这群失地农民发生冲突，对抗力度较强时只能利用武警公安采取强制措施。在2014年，E市市委市政府从维护全市社会稳定的大局出发，开始着手处理20世纪90年代以来失地农民养老社会保险问题。

上述几种利益冲突集中地体现在地方政府和农民之间，与地方政府行为过程有极大关系。在实际情况中，土地冲突还具有其他表现形式和发生层次。例如，征地拆迁标准前后不一致和地区间差异也是诱发土地冲突的重要因素；在治理实践中，土地冲突也发生在乡村自主治理层面，在集体产权制度下，征地补偿费用需要经由村组自主决定分配方式，乡村治理不完善就成为诱发土地冲突的重要原因，许多乡土研究者已经注意到这一问题。本书主要研究地方政府和农民间的土地冲突，从地方政府治理角度来分析不同利益主体的行为及其互动过程。

第三节 本章小结

本章结合E市、L市、G开发区以及H新区等地的田野调查，对城市化进程中土地冲突的基本情况和表现形式进行了详细描述，为开展实证研究奠定了基础。通过整理这些地方的上访材料发现，与土地有关的冲突已成为治理实践中的主要社会矛盾，且随着城市化进程的推进，这些冲突的发生频率和强度呈现出递增的特征。结合实地调查收集到的资料，本章进一步对城市化进程中的土地冲突诱发因素和表现形式进行了详细阐述，发现矛盾的焦点集中在地方政府和农民之间，核心在于土地增值收益的分配，也包括失地农民贫困化、边缘化等其他表现形式。

第六章　城市化进程中土地冲突演变的实证研究

　　本章将结合田野调查中收集到的案例对城市化进程中土地冲突的演变展开实证研究，这些案例包括一个区域、事件、事实等多种题材[①]。第三章、四章构从宏观上建起了城市化进程中土地冲突在治理结构中的建构机制，从宏观上阐述了土地冲突发生、扩散以及转化等演变过程。遵循理论演绎法的完整路径，第五章对田野调查过程进行了基本描述，本章首先将在理论构建基础上提炼出若干理论命题，即建立一个命题演绎系统，将宏观理论微观化和具体化。在此基础上采用多案例实证研究，通过案例剖析进一步总结、归纳和扩展土地冲突发生的利益根源和演变的规律，将理论研究的宏观分析具体化，呈现出更多微观细节，弥补和修正理分析中的不足[②]。本书由于主要是运用经验研究中的案例，为了保证材料运用的丰富性，更多的是深度地描述和解释多样化的案例，未在理论命题之外再提炼出具体研究假设，再利用数量关系来进行假设检验[③]。为了保证研究结论的科学性，本章分析过程中将力求客观，原始地展示和描述各类案例，并尽量辅以一些统计数据进行归纳和总结。

---

　　① 在田野调查中，笔者主要形成了访谈记录、调查日志、调查报告和调查问卷四份实证研究需要的资料。
　　② 陈向明：《质性研究：反思与评论》，重庆大学出版社2008年版，第10—45页。
　　③ 美国社会学家 H. M. 布莱洛克在《理论构建》一书中阐述了复杂的演绎理论步骤，他认为在数量关系检验之外，通过经验研究中收集到的案例来验证和检验理论命题同样是可行的，它们各具优点和缺点。在社会科学研究中，抽象定量研究和质性经验研究结合是一种趋势。

第一节　城市化运行机制与土地冲突的发生

土地冲突演变与中国政府主导型城市化有着高度的关联性，地方政府依托城市化和土地开发构建起了一套经济增长机制、利益分配机制和利益冲突化解机制，土地冲突的发生就与这一套运行机制背后隐匿着的地方政府强势分配和成本转嫁行为有关。然而，要完整地揭示城市化进程中土地冲突发生机理，科学地阐明制度激励与地方政府行为间内在关系，需要深入地了解地方政府推进城市化的运作过程，即地方政府究竟是如何在治理场景中来进行城市建设和土地开发的，且在这个过程中地方政府和被征地拆迁农民间的利益为何难以兼容？这就需要结合田野调查中的资料来深度揭示，提出并验证理论命题。

一　官僚科层取代市场机制：城市化的运作过程

中国城市化的政府主导特征具有多方面表现形式。在 L 市、G 开发区和 H 新区，城市建设和土地开发具有高度一致性，政府力量在其中发挥着极为重要的作用。在这三个地方，地方政府在经济发展和公共治理中具有高度自主性，缺乏来自其他力量的制约，政府和市场之间缺乏明晰的边界。地方政府将科层机制高度地整合起来，充分利用所控制的各类资源，有组织、有计划地推进城市建设和土地开发。在推进城市化过程中，地方政府最为重要的工作就是如何将自身意志融入城市建设之中，且获得城市发展的基础性要素——土地资源。即是说，地方政府首先要能够在科层体制内部解决城市规划和土地利用规划问题；其次，利用征地拆迁方式取得土地要素之后，通过各类城市建设来最大限度地提升土地资源的价值。从这些治理环节中，可以看出地方政府权力的运作机制，即政府"有形之手"到底是如何发挥作用的。

命题 1　权力边界模糊为地方政府行为提供了制度空间，它通过将权力科层机制向市场领域延伸，主导了城市规划、要素配置和城市建设等事务，整合科层内部资源和打造市场化运作平台，实现经济增长和土地要素的价值增值。

科层机制要发挥作用需要解决三个方面问题：第一，它缺少外部力量的监督和制约；第二，它能充分地调动官僚体系的行动能力；第三，有参与市场经济活动的代理人。在L市，为了更有力地推进城市化进程，充分地整合行政资源，提高有关城市建设的各类行政决策效率，最大限度地集中力量办大事，先后成立了城市规划管理委员会和土地储备委员会（见案例6-1、案例6-2[①]）。这两个委员会的实质就是市委市政府领导下具有综合性决策性质的非常设机构，L市通过成立这种综合性决策的非常设机构，将分散在职能部门的决策权上收，由市委市政府来对推进城市建设和土地管理进行统一管理、统筹决策。来自L市的案例6-1、案例6-2表明，在科层体制之外，地方政府权力缺乏来自市场和社会力量的约束和监督，市场主体和社会公众难以参与城市规划和土地规划的过程；在科层体制内部，地方政府及其主要行政官员的行政权力也缺乏"硬性约束"，利用委员会这种"综合性决策的非常设机构"，顺利地将职能部门的权力控制在手中，它解决了职能分工带来的集体行动困境，降低了科层体制内部的协调时间和成本。

案例6-1 L市成立了综合性决策的非常设机构——城市规划管理委员会。市规划委员会由17名委员组成：设主任委员1名，由市人民政府市长担任；设常务副主任委员1名，由市人民政府分管副市长担任；设副主任委员3名，由市政府办公室副主任、市建设局局长、市规划局局长担任。城市规划管理委员会的主要职责是：审议城市发展战略，城镇体系规划、城市总体规划、分区规划、近期建设规划草案、控制性详细规划并监督实施；审查专业规划和重要城区的修建性详细规划；审查重大建设项目选址；审查重点地段的城市建设；审议（查）市域内建制镇规划；审议L市城市规划管理的政策和技术规定；审议L市城市规划管理的年度工作报

[①] 资料由L市城乡规划管理局和国土资源管理局提供，其中：案例6-1来源于《L市城市规划管理委员会章程》，案例6-2来源于《L市土地储备管理委员会工作规则》。

告、要点和工作计划；履行市人民政府授予的其他职责；对审议（查）的事项行使决策表决权。

案例6-2 L市也成立了综合性决策的非常设机构——市土地储备委员会，由市长担任储备委员会主任，两位兼任市委常委的副市长担任副主任，组成人员还包括市政府办、国土、劳动保障、发改、财政、监察、建设、规划、房管、检察等部门负责人和城区两个办事处的党委书记。土地储备委员会的成立，将对土地的收购、储备、出让纳入集体决策，通过土地储备委员会集中权力，提高建设用地的保障能力，保证城市化的有力推进。

通过这两个"综合性决策的非常设机构"，L市的城市项目建设和土地储备供应通常由市规划管理委员会和市土地储备委员会进行统一决策，然后再交由各个职能部门按照一定流程执行，在具体执行过程中各职能部门各司其职，相互协调配合，共同完成两个委员会制定的决策。在这个过程之中，城乡规划管理局、住房与城乡建设局以及国土资源管理局等职能部门都将自己定位为执行者，都强调要"围绕中心，服务大局"，即围绕市委市政府这个领导中心，服务推进城市化的经济发展大局。该市城乡规划管理局L局长表示"我们就是一个执行者，是比较小的一个环节"，"按照职能定位本应发挥宏观调控作用的城乡规划局，现在却沦落为一个简单的执行者"。"城市规划往往根据领导意志进行，很难按科学规律沉下心来到实地调研，使规划报告往往不切实际，不符合人民群众的利益诉求"（摘引自访谈记录）。

城市建设项目的工作流程最能反映这其中隐匿着的奥秘。首先，由城市规划管理委员会来确定城市建设项目的建设顺序，并制定一个项目储备清单，一般分为重点建设项目和一般建设项目；其次，职能部门按照自身职能来执行决策，按规定向上级职能部门报批。例如，城乡规划管理局要负责论证项目规划以及项目建设的科学性和合理性，国土资源管理局要确定项目用地数量、地价评估以及保障项目建设用地的供应；环境保护部门就要负责项目建设的环境评估，论证项目建设的环境合规性，提出降低环境影响的对策；发展改革局最终负责项目申报和审批，住房与城乡建设局负责建设和实施，隶属市政府的城市建设投资公司也负责建设、融资以及运营等工作。由此可见，整个过程都被纳入科层系统内部之中来运作，许多本应由市场机制发挥作用的地方严重地被忽视了。在治理过程中，一旦隶属于市委市政府的委员会作出决策时，各职能部门就必须严格地执行，否则就会招致自上而下的行政压力。

一般而言，不同类别的开发项目有着不同的工作流程，招商引资和商业开发项目的流程就有很大差别，但都仍存在着科层机制取代市场运行的情形。招商引资项目就是要给予项目投资方在土地、税收等方面的政策优惠，吸引投资方到这里来投资办厂。因此，"对于招商引资项目，往往只要领导拍板，整个流程都是一路绿灯。以土地供应来讲，招商引资项目采取协议出让的方式，协议出让价格和相关条件在进入程序之前都是确定好了的，后面的流程都是走过场而已（摘自访谈记录）。"商业用地出让则要采取"招、拍、挂"的方式，程序主要有以下几方面：首先，由土地储备委员会作出决策，然后邀请有资质的中介组织对底价等进行评估；其次，拟定出让方案。在出让土地前，土地储备委员会往往会事先商议出一个底价，底价只有决策层内部的人员知道，土地出让时如果未达到底价则不成交（摘自访谈记录）。

当地方政府作出了城市规划和土地储备的决策时，就需要获取土地要素和进行城市建设。为了使项目建设和土地开发在短时间内取得成效，地方政府就需要有具体执行部门像市场机制那样发挥作用，用"有形之手"来替代"无形之手"的作用。在L市、G开发区和H新区，都成立了诸多"临时性执行机构"来落实上级决策，最典型的就是通过征地拆迁方式来实现土地供应。那么，地方政府是如何推进征地拆迁的呢（见案例6-3）？从案例6-3中可以看出，征地拆迁指挥部和工作专班是地方政府负责推进城市建设的"临时性执行机构"，它是科层机制向市场经济领域的进一步延伸。指挥部和工作专班作为地方政府的"代理人"，负责执行地方政府制定的征地拆迁决策。L市也成立了征地拆迁指挥部，在指挥部下面设立了13个工作专班，实行"一个项目、一名领导、一个专班、一个方案、一抓到底"的"五个一"工作机制和以"一旬一节点、一旬一总结、一旬一评价、一旬一安排"的工作措施，各工作专班具体负责各项目的征地拆迁工作，统一政策、统一口径，定时间、定任务，领导按进度督查征地拆迁工作[①]。

案例 6-3[②] 征地拆迁中的指挥部和工作专班。在 G 开发区，当地成立了征地拆迁指挥部。2013 年当地共有 49 个重点开发项目，在征地拆迁指挥部下成立了 9 个工作专班，由工作专班具体负责每个项目规划范围内的征地拆迁工作。工作专班一般选择由某职能部门的"一把手"来牵头，统一抽调国土、规划、住建、街道办和村委会等部门的工作人员组成，甚至包括当地的一些中小学老师，因为这些人熟悉当地社会关系。工作专班负责实施开发区的征地拆迁政策，负责和被征地拆迁农民谈判，确定征地拆迁补偿范围、补偿标准以及安置政策等内容。为了调动工作专班的积极性，工作专班的负责人与开发区签订征地拆迁目标责任书，职位晋升与征地拆迁任务直接挂钩；工作专班的工作人员的工资发放与征地拆迁任务完成情况直接挂钩，任务完成比例即工资发放比例。

在科层机制运行过程中，行动主体的自利化问题是影响组织运行效率的关键因素，它使科层机制运行不可能像一台平稳、有效率的运行机器，从而导致无效率和卸责等问题[③]。在推进城市化进程中，地方政府官员面临的效用函数不尽相同，下级官员的执行动力并不是十分充足。因此，在治理过程中，要保障这些临时性机构忠实地完成征地拆迁工作，就需要有一套激励和惩罚机制。因此，H 新区更是将这些工作内容具体化和制度化，制定了《干部包保项目制度》，实现干部人人挂项目[④]。干部包保项目主要任务是：负责项目的征地拆迁工作、地面附着物的清理工作、项目区域内的坟墓搬迁工作，农民征地补偿款、地面附着物补偿款等款项的兑付

---

① 案例来源于 L 市征地拆迁指挥部办公室。

② 案例来源于 G 开发区征地拆迁指挥部，部分内容取自《G 开发区管委会关于成立项目建设征地拆迁协调指挥部的通知》。

③ ［美］盖瑞·J. 米勒：《管理困境——科层的政治经济学》，王勇、赵莹等译，上海三联书店 2006 年版，第 4—5 页。

④ 资料来源于《H 新区管委会关于印发干部包保项目制度的通知》，由笔者摘录而来。

工作，项目施工建设事项的协调工作，项目投产事项的协调工作；干部的考评考核、评先评优、提拔重用都与包保挂钩。在日常工作中，当地干部的工作状态换分为三类：上班、下乡和外出征地拆迁。

指挥部和工作专班是一种典型的运动式治理模式，是地方政府为了完成征地拆迁工作而打破原有官僚系统束缚的临时性机构。利用"目标责任""动态考核"以及"项目包保"等激励措施来驱动工作专班运转。由于工作专班的负责人通常由某部门"一把手"担任，他们在工作中面临着来自上级的行政压力。以工作专班为标志的"运动式治理"让上级政策迅速地得到执行，极大地提高了工作效率，也节约了行政成本。在L市等地，由于大规模地项目开发要落地，工作专班作为临时机构会长期存在，造成运动式治理走向常规化。地方政府通过抽调多个职能部门组成征地拆迁的工作专班，极大地节约了经济成本和时间成本，避免了企业与被拆迁农民个体间的长时间谈判和讨价还价。H新区工作专班负责人表示，"我们专班总共负责7个重大项目，3个月内共需要完成2500亩的征地，且要拆除30户农村房屋，工作量非常大；如果让开发商与被拆迁农民去一对一谈判，各类建设项目根本无法落地"；"因为开发商根本不熟悉这里的具体情况，现在农民都很刁，没有一点行政手段，根本是不可能谈拢的（内容摘自访谈记录）。"然而，"常规化"的运动式治理却不能达到治理效果的帕累托，最终它将会走向"内卷化"的结局，而非走向制度化的"常规治理"[①]。征地拆迁指挥部和工作专班无法从根本上解决农民的合作问题，反而成为诱发土地冲突的重要主体。在H新区，不少农民认为工作专班的基层干部会默认征地拆迁中灰色势力的存在，工作专班的干部由于缺乏内外部监督也存在着大量自利化的现象。

地方政府作为一个官僚科层组织如何才能直接参与市场？即如何使政府"有形之手"与市场机制"无形之手"对接起来，从而最终完成经济建设和资源要素配置。地方政府除了引进市场化的企业组织来运作，也通过行政力量打造各类投资建设公司，直接参与城市建设和土地开发活动。

[①] 倪星、原超：《地方政府的运动式治理是如何走向"常规化"的？——基于S市市监局"清无"专项行动的分析》，《公共行政评论》2014年第2期。

从案例 6-4 中可以看出，利用城市建设投融资公司和经营载体，地方政府的行政力量由土地一级市场开发延伸到二级市场开发，垄断了土地增值收益，且控制了大量城市经营的其他收益。H 新区和 G 开发区的田野调查还发现，地方政府还成立了征地拆迁公司、土地平整公司、城市综合体运营公司以及房地产开发公司等平台，完整地控制了资源要素整合、城市建设以及商业开发等众多市场环节。当然，地方政府利用隶属于自身的公司化运作体系来经营城市和经营土地，并不意味着对市场经济体制的完全排斥，案例仅为了表明地方政府在推进城市化和土地开发中的重要作用。

案例 6-4 在 L 市，成立了专门经营土地的市场化公司，盘活开发范围内的土地资源，负责全区范围内的土地储备，对土地进行统一规划、统一征收和统一招拍挂，由此政府力量完整地控制了土地一级市场。2013 年，L 市土地储备达到 5000 多亩，成片经营土地达到 600 多亩，利用城中村改造经营存量土地 500 多亩，经营总额 3 亿多元，其中土地出让金收入为 2.1 亿。地方政府通过土地一级市场，以"招、拍、挂"方式获得土地出让金[①]。还注册投资成立了一家大型的城市建设投资有限公司，该公司作为市政府对外投融资的总平台、经营城市的总载体和重大项目建设、城市土地营运的主体，捆绑、整合城市资源，为经营和改造城市提供了资金保障，即市内的各类城市建设项目都发包给该公司来运作[②]。

地方政府在城市规划和征地拆迁中的科层运作机制过程会产生诸多问题，这也是引发社会矛盾和利益冲突的重要原因。例如，指挥部或工作专班具有权力支配的特征，征地拆迁中缺乏讨价还价环节，将农民排斥在市场交易之外，农民的利益诉求很难得到尊重，这一点将在后面论述；工作专班运作的"常规化"，使一个临时性组织在科层系统中长期存在，它既没有来自正式系统内部的监督，也难以受到农民等外部群体的监督，从而使专班的工作人员通过隐匿信息和行为从征地拆迁中牟取私利。例如，在

---

① 资料来源于 L 市国土资源管理局，具体数据由访谈时记录而来。
② 资料来源于 L 市住房与城乡建设局，该公司挂靠住房与城乡建设局。

H 新区，专班人员来自当地的干部以及其他地方性精英，极容易通过合谋形式去侵占农民的征地拆迁补偿款，或者利用信息不对称去套取上级部门的资金。征地拆迁补偿范围和补偿金额都是工作专班统计后向上级汇报。因此，访谈中许多农民都表示："征地拆迁中的门道很大，只要你跟上面的人有关系，你就可以多报一些，比如你地里只有 10 棵树，他可以给你写出 100 棵（摘自访谈记录）。"从访谈中可以看到，工作专班强调完成某些任务，而缺乏制度化、规范化的约束和监督体系，出现了损害了农民土地利益的现象。

二 土地经营中的"钱袋子"与"官帽子"

地方政府权力边界模糊和高度自主性是其介入经济领域的前提条件，但这还不能够解释清楚它的行为动机和内在逻辑。作为科层官僚组织，地方政府的经济理性具有多样化的表现，但有两个方面是主要的：一是实现预算收入最大化；二是科层内部的职位晋升。一般而言，地方政府科层机制延伸到市场机制，并不一定以"经营城市"和"经营土地"为手段，它也可以是"经营企业"等其他方式①。但是，为何地方政府的行为越来越转向"经营城市"和"经营土地"呢？这就需要考量促使地方政府行为转变的制度激励结构。

命题 2　当地方政府越来越依靠土地出让金来维持财政收支平衡时，促成了其从"经营企业"向"经营城市"和"经营土地"的行为转变，这既是一种理性的行为选择，也是一种治理情境下的无奈之举。

城市建设和土地开发需要初始投资资金，那么一个重要的问题就是钱从何而来？在巨大的财政压力之下，地方政府不得不依靠土地出让金弥补

---

① 因此，本书尽管着重解释的是城市建设和土地开发，招商引资也依然是地方政府重要的目的。在城市化进程中，征地拆迁是由各类项目建设引致的，既包括城市建设和土地开发类项目，也包括招商引资项目。因此，著名学者李强将政府主导型城市化概括为"建开发区、新城新区、工业园区、产业园区等"，源于这些方式都可以提升土地的极差地租。

财政资金缺口。从案例6-5可以看出，在H新区，土地出让金在维持当地财政收支平衡中发挥着重要作用，它是城市建设和各类经营性土地开发的资金来源。

案例6-5 H新区于在2005年之后引进了29个招商引资项目，涉及制造装备、生物技术以及高新技术等多个产业。但截至2014年，29个项目中有15个项目尚未动工，11个项目正在动工但速度缓慢，名义上投产运营的只有3个项目，实际投产运营的只有1个，且处于严重亏损状态。H新区2014年预算内可支配收入为5264.97万元，而预算财政支出约为11686.72万元。近几年来，H新区基础设施实际投资平均约为1.5个亿左右。简略计算可以得出，新区的预算内支出远远高于收入，资金的缺口非常大。根据数据统计，H新区在2010—2013年土地出让收益总额约为3.1亿，每年平均收入约为1个亿[①]。

L市负责信访维稳的一名干部认为："地方政府也没有办法，全市一年光给吃财政饭的人发工资就需要几个亿，我们L市的财政收入一年才多少？如果不靠征地拆迁，连公职人员的工资恐怕都发不起。"此外，他还认为："经济要发展就需要政府投资，投资资金从哪里来？只有卖地来钱，这样操作起来也相对容易，既可以用土地作抵押，又可以直接通过'招拍挂'卖钱（摘自访谈记录）。"由此可见，L市的财政也高度依赖土地收入。

G开发区工业发展基础较好，但土地财政问题依然严重，在国土资源分局访谈时，当地干部认为："开发区建立20多年来，招商引资项目落地不少，但是具体发展起来的没几个，大量的开发项目最终'烂尾'"；"这一两年土地价值涨了起来，光几个房地产开发项目的卖地收入就是几个亿，成为开发区财政收入的主要来源（摘自访谈记录）。"

土地财政作为预算外收入大多由地方政府自由支配，较少受到内外部监督和制约，这是构成地方政府"经营土地"的重要动力。在H新区财

---

① 上述资料来源于H新区财经局和国土资源分局，具体数据经由笔者整理而来。

经局访谈时了解到，土地收入不仅仅包括土地出让金，它还包括与土地有关的税费收入，城镇土地使用税、土地增值税等土地直接税收收入完全归地方财政所有，H新区一年就可以从中收入上千万；还包括土地房地产税等间接收入以及各类土地收入等；土地出让金实际是政府出让土地获取的租金，这部分也主要由地方政府所有。扣除土地补偿费、土地开发费以及其他各类费用，这就完整地构成了地方政府实际的土地收入。预算外收入实际上是一种"软约束"机制，它赋予了地方政府比较自由地决定土地财政的收支情况。

土地金融是维持土地财政的平台和依托，地方政府打造的各类城市建设公司通常以土地资源作为融资和抵押贷款，它是土地财政向其他领域的延伸。在L市，城市建设投资公司的实质就是"以地养地"，通过土地作为抵押贷款融资来进行城市建设和土地开发，当地政府又不得不继续扩大征地拆迁规模，经济发展陷入一个征地—融资—建设—征地的循环路径（摘自笔者调查报告）。由此可见，土地金融实际上是城市建设和土地开发的一个重要环节，保障了地方政府顺利地实现征地、建设开发和土地出让增值。在此基础上，地方政府通过基础设施建设，不断拉大城市构架、扩宽城市空间范围，由此进一步扩大土地极差地租的范围。

土地财政压力是地方政府"经营城市""经营土地"的动力，即现实压力转化为自发行为的内生动力。除此之外，还有什么因素可以解释地方政府行为的持续性和逻辑？

命题3 在以GDP为主导的经济考核指标下，地方官员晋升锦标赛加剧了地方政府推进城市建设和土地开发等行为，这种制度激励具有持续的作用力，是地方政府经济理性的另一种表现。

在发展主义支配下，地方政府扮演着发展型政府的角色，提升地方经济实力依然是其最为主要的任务，而城市建设和土地开发是推动经济发展"最有效"的手段。L市DT街道办负责人认为"全国各地都在发展，城市化是主流，有城市化就会有征地拆迁，其他各地都在推进城市建设，别的地方都在发展和搞开发，我们不可能不发展，否则就会落后（摘自访谈记录）。"由此可见，发展已经为地方政府官员的一种主要思维观念，它甚至是治理场域内的一种普遍经济社会现象。例如，在农民眼里也只有"搞开发"才能发展地方经济，这种开发主要也就是道路基础设施建设、修建产业园区以及其他开发项目。为什么，经济发展就一定要依靠基础设施投资、新城新区建设以及土地开发？除了上述土地财政的影响之外，H新区一位干部接受访谈时表示："基础投资能够增加土地价值，建新区和搞土地开发，就能够见效快、看得见，只要项目能够落地，就能够带来现实的经济效应，别人一看就知道这个地方发展有多快（摘自访谈记录）。"H新区所在的地级市E市，为了推进新型城市化，在全市范围内打造了七大新区，每个新区规划都在几十平方公里以上，有的新区甚至是全域开发，成为其他地市和省外城市学习的榜样。也就是说，当发展成为一种集体性观念时，由于对"发展"缺乏全面理解和评价指标，一种以政府主导推动经济发展模式就成为地方政府惯常性的路径选择。

当经济发展能够转变为地方官员晋升的资本时，自上而下决策治理体系就能够整合整个科层机制，将发展经济的压力或者动力传导到大多数地方官员身上，最终导致城市建设或者土地开发陷入"激进主义"之中。在L市，笔者详细地考察了该市的城市建设项目，通过对2013年该市正在进行的19个城市重点项目进行清理，通过对该市城乡建设局进行访谈，按照这些项目的功能和性质，将其划分为结构功能型和外延扩展型，即项目建设目的在于改善城市结构、提升城市功能，还是在于拉开城市骨架、扩展城市规模（表6-1）。从表格中可以看出，2013年，L市共确定了19个城市重点建设项目，总投资为25.8168亿，远远超过了该市的财政实力。在这些重点建设项目中，拉开城市骨架的外延扩展型项目投资为23.9747亿元，约占总投资额的93%；改善城市内部结构和提升城市功能项目投资为1.8421亿元，占总投资额的7%。由此可见，地方政府更加偏好于空间扩张类的城市建设项目，这源于这些项目有助于提升土地极差地租。

表 6-1　　　　　　　　L 市 2013 年城市重点建设项目表①

项目名称	项目类型	总投资（万元）
城区污水处理厂配套管网工程、JL 路南北棚户区段道路及排水沟改造、XX 街棚户区道路改造工程、MJ 大道、HS 大桥、JSD 大桥、城区自来水管网延伸工程	结构功能型	1.8421
BJ 北路东段道路及景观工程、NB 路、NH 大道东段道路工程、城区外环路、HS 大道、GS 公园、NCD 主题公园、YY 女神广场	外延扩展型	23.9747

类似的情形也适用于 H 新区，大量的基础设施都服务于新城区建设，忽视对旧有城市空间改造和提供公共服务。也就是说，地方政府更倾向于将投资用于能够带来土地增值收益的项目，既能够以高投资强力拉动地方经济增长，又能够将越来越多的土地纳入到升值范围内。E 市信访局一名干部长期处理土地信访问题，他积累了自己的理解和感悟，他认为"现在大规模的土地上访与地方政府行为不当有很大关系，一个小乡镇也要搞房地产开发，也要建各类工业园区"，"我们市里面、开发里面的招商引资项目都不高，个别官员之所以要这么做，实质就是以地'圈地'，砸钱拉动经济发展，捞'政治资本'（摘自访谈记录）。"结合地方政府在征地拆迁时制定的"责任制"和"包保制"可以发现，城市建设、土地开发以及各类招商引资是地方政府填满"钱袋子"和少数官员取得"官帽子"的重要条件。

当城市建设和土地开发与地方政府（官员）的"钱袋子"和"官帽子"直接挂钩时，这些利益主体的"激进主义"就有具体的表现形态，包括大规模政府投资、大拆大建、建新城等多种表现形式。从案例 6-6 中可以看出，H 新区在城市化和土地开发中表现出了激进情绪，为了最大限度地盘活土地资源的效益，采取了人为地实现农业人口转移方法，没有尊重农民意愿的"迁村腾地"方法不利于保障农民利益。在 G 开发区，土地是极为重要资源，如何能够腾出土地空间是当地政府极为头疼的事情。在

---

① 资料来源于 L 市住房与城乡建设局提供的项目建设清单，具体数据经由笔者计算整理得来；笔者将拉开城市骨架的基础设施投资归纳为外延扩展性，将提升城市功能的内在建设归纳为内涵功能提升型。

"增加挂钩"等土地利用政策指引下,当地进行了大规模的新型社区建设,也通过"迁村腾地"等方式让农民集中居住起来,最大限度地将农民原有的宅基地以及房前屋后空地"腾"出来。这些社区被打造为"示范点",但村民认为"这些社区只是外表光鲜,内部的矛盾没有人关心,特别是农民的土地权益没有得到保障,交出了土地,住上了洋楼,这是政府的如意算盘(摘自访谈记录)。"

案例6-6 在H新区,当地打造了7个成型规模的社区,"迁村腾地"的规模基本涉及整个新区,大多数农民都需要拆掉农村的房屋,在一个集中安置的社区进行居住。"迁村腾地"背后隐匿着巨大的经济利益和行政理性,例如,2009年,通过"迁村腾地"的方式,原H区已建成1个新型农村社区,通过对几个村组进行整体征地拆迁,共腾出土地多大1000亩。1000亩土地可以带来上亿的资金,而新型社区以成为H新区的一个亮点工程,受到了各级政府、各部门的奖励,也成为上级领导检查的"必去之地"[①]。

三 权力支配与"签协议":收益分配的合法化

地方政府能够进行城市建设和土地开发的前提是获取土地,也就是必然涉及征地拆迁。上述部分地阐述了地方政府如何整合科层体制内部资源,来调动下级部门和干部来推进征地拆迁工作。但是,征地拆迁必然涉及地方政府和农民间的关系,它必须从农民手里剥离土地使用权或者宅基地使用权,这就涉及利益分配的规则及其合法性,即如何让大多数农民配合地方政府工作,少数利益抗争者又不会激化社会矛盾。

命题4 地方政府通过构建起具有权力支配特征的综合治理策略,这些手段能够保证大多数农民配合征地拆迁工作,而无组织化的被拆迁农民无法阻止地方政府权力的运作过程。

---

① 资料来源于H新区HD新型社区提供的该社区简介,部分素材来源于对H新区HD社区居民的访谈。

笔者在 G 开发区和 H 新区发放了"土地冲突治理与失地农民服务机制创新研究"的调查问卷（以下简称问卷），对 128 份有效问卷统计分析显示[①]，群众动员是地方政府在征地拆迁过程中最经常使用的手段，它能够最大限度地节约交易成本，这种治理方式使行政权力直接嵌入乡土社会，硬性地化解农民的不合作行为（见表 6-2）。在 H 新区，工作专班主要通过行政化的方式来给群众"做工作"，内容就是给其塑造出经济发展的宏观愿景，希望农民配合政府的征地拆迁工作。"做工作"的内在逻辑就是通过科层权力机制的运作对农民施加影响，从而完成征地拆迁的工作目标，具有社会动员的治理特征。这种社会动员模式是自上而下推行的，地方政府在这个过程中发挥着重要作用，行政化的社会动员免了与分散化的农民去逐个讨价还价，节约了征地拆迁工作的交易成本。从案例 6-7 中可以看出，在 H 新区，这种行政化的社会动员首先针对的是村组干部以及共产党员，再通过这些乡村精英到各家各户去动员。

表 6-2　　　　　　　基层干部在征地拆迁中的工作方法表

具体情形	频数（多选）
1. 告知征地拆迁原因和补偿标准	21
2. 召开群众代表大会，听取各方面意见	26
3. 给有意见的群众做思想工作	51
4. 动员群众签订征地拆迁协议	55
5. 未做任何工作	20

Z 村干部张某表示："上面把任务布置下来，我们就去挨家挨户地做群众思想工作。"做工作的实质就是广泛地动员，在这种非制度化的动员式治理过程中，农民的配合行为被描述为"支持和顺应了经济发展的大方向"，而不配合行为则有可能背负"阻碍了地方经济发展"的污名。在这种治理方式下，那些选择抵抗地方政府征地拆迁的农民就面临着较高的心理和经济成本，尽管他们的利益遭受到损失，也多会选择合作策略（见案

---

① 该次调查共发放问卷 200 份，共回收 155 份，其中有效问卷为 128 份，表 6-2、表 6-3、表 6-4、表6-5、表 6-6 来源于问卷分析。

例6-7)。

案例6-7 H新区Z村的征地拆迁。首先，在征地拆迁之前，征地拆迁指挥部中负责该村的工作专班，会找到该村所属乡镇政府领导和村干部开群众动员大会，号召党员干部和群众支持地方经济发展，当征得当地村干部同意后，群众工作就好做多了。群众动员大会的主要任务就是告知征地拆迁内容以及协商征地拆迁补偿标准。其次，在征地拆迁过程中，村组干部带头拆迁具有很大的示范效应，会增加他们动员群众时的威信，再由村干部负责去做每家每户的工作。群干部在做群众工作时，所在乡镇干部和工作专班人员也会随同，一道向群众做好征地拆迁的解释工作。

充分地利用当地社会关系也是地方政府在征地拆迁过程中重要的辅助手段，即利用被拆迁农民的关系网络施加亲属化、道德化的压力。地方政府在征地拆迁时，会将其"体制内资源"转化为"体制外资源"，从而化解征地拆迁中大量不合作行为的困境。在L市DT街道办ZM村访谈时，多位被征地拆迁农民表示"最开始我们并不同意拆迁，专班工作人员就会找各种人物关系来做工作"；在当地信访维稳综合治理部门访谈时，一名工作人员表示"征地拆迁是全市的重点工作，干部都负有征地拆迁的任务，有不配合政府工作的农民，与其关系好的干部就需要去做该农民的思想工作"。这种社会关系俘获具有极强的权力支配特征，农民除了感受到亲属化的压力之外，还直接面对着地方政府的权力压力，有农民表示"我们不愿意拆迁，但政府天天找人来围着你，我们也做不了其他事，不同意也不行，有什么办法呢？（摘自访谈记录）"

被拆迁农民之所以不能阻止地方政府权力运作，重要的原因就在于其分散化和软弱化，在乡土治理主体虚化的情况下，他们无法找到与地方政府讨价还价的利益代表者，反而遭到来自乡土社会内部精英的剥削。在H新区DH村，2014年共征地1000亩，村集体每亩提留3500元，加上该村其他公域面积，该村一次性集体收入达到500万左右[①]。在利益密集输入

---

① 资料来源于《H新区DH村情况简介》。

的情况下，村集体未能制定土地补偿提留款的使用规则，致使农民难以对这笔资金进行监督。在 HD 新村，村组干部更是利用村组提留款发展集体性经营事业，经营收入有一些用作村组基础设施建设，但是仍有大量的资金使用不明，许多村民对村组的账目"毫不知情"。乡村治理主体的虚化使村庄的资源和权力被少数精英垄断，农民逐渐被排斥在土地收益分享之外，仅能获得少量的土地补偿款。当地一名干部认为，"村干部在征地拆迁中发挥着重要作用，没有他们参与，很多具体工作没有办法开展；所以，工作专班和管委会一般会漠视少数村干部的谋利行为（摘自访谈记录）。"

当地方政府的权力运作未能解决农民不合作困境时，或者这种权力运作会带来巨大行政风险时，会衍生出诸多"异化"或者非正式的治理策略。为了避免征地拆迁的行政风险，也适度地引入征地拆迁公司等主体，形成了复杂的运作规则体系。例如，在征地拆迁过程中，存在着地方强人、混混、恶霸等灰色势力介入的现象。在 H 新区访谈时，许多农民都表示他们受到了灰色势力的影响，不得不选择配合政府工作，惹得老百姓是"敢怒不敢言"，他们多用狠人、地痞、流氓、恶霸等词汇来描述地方灰色势力。农民还总结出一个三角关系"政府怕农民，农民怕强人，强人怕政府。"在 H 新区社会事务局，有干部认为："这种灰色势力现象是有可能存在的，但也不是政府有意而为之，征地拆迁涉及的利益那么大，谁都想搞点利益；当然，这也与我们政府监管不严、工作专班工作不到位有关，现在征地拆迁难点大，大家都希望顺利完成任务（摘自访谈记录和调查日志）。"

命题 5　地方政府必须使自己在征地拆迁和利益分配中的行为合法化，通过某种特定形式来确定被征地拆迁农民的合作行为，使征地拆迁和较低的利益补偿标准以"签协议"方式确定下来。

地方政府会以类似于市场经济中合同契约来使征地拆迁行为合法化，通过"做工作"方式让农民在征地拆迁协议上签字。在市场经济中，征地拆迁和土地收益分配的实质就是市场经济中的交换行为，买卖双方就资源要素的交易方式、价格水平以及违约成本等内容进行平等自由的讨价环节，最终以合同契约来明确规定双方的权利和义务范围，合同契约就是市场主体交易行为合法化以及利益补偿的重要保障机制。因此，当地方政府以"做工作"的方式来完成"签协议"，主要包括征地拆迁同意协议和征地拆迁补偿协议两份协议书。G开发区被拆迁居民周某这样描述签协议过程："当时拆我们村房子时，政府采取的是'单谈'方式，专班工作人员到各家各户做思想和解释工作，农民相互之间根本不了解对方的补偿标准；你不签，他就说谁谁谁都签了，你一个人拖着，没意思；这样搞得我们像阻碍当地经济发展的罪人（摘自访谈记录）。"从周某描述中可以看出，"签协议"过程不透明、内容不清晰以及没有讨价还价的余地。地方政府也通过与被拆迁农民"签协议"来完成土地收益的分配，农民一旦在征地拆迁补偿协议上签字就意味着收益分配过程的完成。在L市和G开发区，当农民同意征地拆迁时，还需要继续签订一份征地拆迁补偿协议，它确定了征地拆迁补偿标准和就业安置等内容，只要被征地拆迁农民在这份协议上签字，加上征地拆迁同意协议，地方政府的征地拆迁行为就具有某种"合法性"。

地方政府与被拆迁农民签订的协议体现的是权力的强力支配原则，而非市场经济中平等交易原则，"协议"背后隐匿着不对称的成本收益分担机制。以笔者在G开发区信访办搜集到的一起农民上访为例子。

案例6-8[①]　陈某，G开发区被征地农民，带领失地农民长期上访。2010年开发区进行征地拆迁时，为了支持开发区的建设，配合开发区的工作，我们同意了以3.9万元/亩的征地补偿标准，550元/平方米的房屋拆迁标准（我家）。这实际是在为开发区发展做贡献，如果我们当时不在协议书上签字，不同意这么低的补偿标准，开发区这几年不可能发展得这么快。当时工作人员做群众工作时也表示，开发区以后肯定会解决失地农民保障问题。我感觉到很不公平，为开发区发展做了贡献，政府现在却不管

[①] 案例来源于G开发区，具体过程由笔者整理而来。为确定案例内容的具体细节，笔者对陈某进行了详细地访谈。

我们了；这几年来，开发区物价、房价等都在上涨，征地后没有后续保障，补偿款那点钱买了房后，根本没有多少剩余；现在生活困难了，我们的地是你开发区征的，也只能找你开发区，中央文件都提出"要让全体人民分享发展的成果"。当时我们与开发区签订的协议也十分模糊，没有就业安置和购买养老保险等具体条款，但我认为我们的诉求仍然是合理的，开发区不能老当赢家，只通过征用我们的土地来发展经济和"捞钱"。

G开发区信访办公室干部在接待陈某群体上访时认为："你们当时是签了征地拆迁补偿协议的，现在生活过不下去了，就来找开发区；市场经济社会里，要讲究对个人负责，哪里有事情就来找政府这样的好事情（摘自访谈记录）。"毫无疑问，被征地拆迁农民签订的协议书与市场经济中的合同有很大区别，在市场交易中，买卖双方的经济地位是平等的，而征地拆迁协议背后体现的是权力支配的强制逻辑。

从上述对签协议过程的描述中可以看出，被征地拆迁农民在地方政府影响之下没有选择的余地，农民杨某也这样描述道："工作组的人天天来找你单谈，你不愿意签协议又能怎样，他把你水电一断，有找各种任务关系来做你思想工作。"即是说，地方政府有多种多样的手段来迫使农民在协议上签字，而农民却缺乏平等的地位来谈判。一旦大多数农民在协议上签字之后，地方政府就会执行征地拆迁补偿标准，即完成土地收益的分配环节。经过此环节，在地方政府治理过程中，土地收益分配中的经济问题就会转化为关系社会秩序的稳定问题，即土地冲突从经济增长、利益分配的经济问题转入到冲突治理和秩序维护的社会问题或政治问题。

四 农民的"命根子"与利益抗争的发生

土地是地方政府重要的治理资源，也是农民维持基本生活的物质基础。当征地拆迁完成之后，农民实际上就进入一个"再社会化"过程，需要在土地之外找到维持生活的稳定收入。

命题6 土地依然是农民维系生活的"命根子"，在面临着较低的征地补偿标准之外，农民"再社会化"的能力较为薄弱，他们还需要承担城市建设和土地开发过程中的其他成本,最终造成土地冲突不断发生。

调查问卷统计分析显示,没有固定职业、生活成本高以及养老无保障是农民征地拆迁后面临的主要困难(见表6-3)。征地拆迁补偿款是农民"再社会化"的初始支撑,如果征地拆迁补偿款过低,则农民将在"再社会化"过程中遭遇诸多困难。以H新区2010年被征地拆迁农民廖某(71岁)为例(案例6-9)。案例6-9在H新区被征地拆迁集中安置社区不是个别现象,农民需要适应城市化进程中的消费主义情形。当缺乏稳定的收入作为支撑时,这种被动型城市化背后隐匿着一种成本分担机制:被征地拆迁农民在获取较低利益补偿的情况下,他们还必须面对社会转型所需要的较高成本。

表6-3　　　　　　　　被征地拆迁农民面临困难的情况表

具体情形	频数(多选)
1. 没有固定职业	42
2. 家庭负担重	12
3. 生活成本高	31
4. 养老无保障	50
5. 不适应集中居住的社区	21
6. 生活无困难	11

案例6-9① 廖某家2010年被征地5亩,按每3.45万元/亩进行补偿,共获得征地补偿款17.25万;拆除房屋1栋,约为200个平方,按450元/平方米进行补偿,共获得9万元。因此,廖某家共获得征地补偿款26.25万元。按当地政策,廖某可以从集中修建的社区中选购200平方米的还建房,每平方米按500元的成本价补偿。廖某考虑到家庭实际情况,与自家儿子(50岁)商量,儿子家选购了120平方米的户型,自己和老伴选购80平方米的户型,共花费了10万元。当地还建房多为"毛坯房",廖某按

---

① 案例来源于H新区HD社区,该社区为被征地拆迁农民集中安置社区,由笔者在调查日志记录中整理而来。

每户5万元的标准进行了装修，共计花费10万元。2011年春节全家入住新房，剩余6.25万元，3万给儿子，3.25万归自己和老伴养老。2010—2013年4年间，廖某的儿子儿媳及孙子外出务工，自己和老伴则以3.25万元谋生。实际上，廖某与老伴于2012年左右因日常各类花销，就将剩余3.25万用光，最近一年多都是靠儿子家救济。2013年廖某儿子、儿媳因年龄过大、外出务工不便等原因也回家了，在周边打零工为生。全家只有孙子一人在外务工，孙子也有"讨老婆"和买房子的各种经济压力。因此，2013年之后，廖某家的生活负担开始十分沉重，没有稳定的生活来源。

农民向市民转变是一个复杂的经济社会过程，最核心地是要以职业发展取得维持生存的稳定收入，政府也应该提供必要的公共服务，否则他们就会在"再社会化"中再次面临困境。从表6-4中可以看出，地方政府在征地拆迁后缺乏基本公共服务的供给，公共服务供给水平低、覆盖范围小，提高了农民市民化的成本和门槛。

表6-4　　　　　　　征地拆迁后政府提供公共服务的情况表

具体情形	频数（多选）
1. 再就业培训	26
2. 农村低保	14
3. 养老保险	0
4. 其他服务或保障	3
5. 没有任何服务或保障	88

在L市被征地拆迁农民就业一直是个难题，当地城市建设和土地开发未能产生产业集聚效应，无法吸纳被征地拆迁农民就业。在H新区，自90年代开始征地拆迁以来，已经有2万多失地农民，占总人口的三分之一。当地一名干部介绍，自2006年以来新区为了吸引就业，在新城建设时打造了工业园区，吸引招商引资项目共计29个，目前开工建设的大约只有15家，建成的大约只有5家，真正投产运营的只有1家，但投产规模比协议中规定的要小得多，用工规模不足100人；大多数失地农民只能在周边

打零工，做一些园林绿化、道路维修等工作，年龄大一点的失地农民基本没有生活来源（摘自访谈记录）。在 L 市劳动就业局访谈时了解到，当地也提供了针对失地农民就业能力培训的各类服务，但很难和市场对接。此外，L 市、G 开发区以及 H 新区，在 2013 年之前，都没有为被征地拆迁农民购买养老保险，农民因户籍身份等原因也无法享受城镇居民的各项福利政策，他们面临着较高的市民化成本，这实际上是一种隐形的剥削机制。

第二节 土地冲突的蔓延与扩散机制

上述实证研究详细地说明了地方政府以城市建设和土地开发为载体如何推进经济增长，说明了经济增长过程中以及土地收益分配中土地冲突发生的真实场景，更是阐明了城市化进程中土地冲突发生的经济根源和内在机理。在当前的地方治理系统中土地冲突为何愈演愈烈，这就需要从具体的治理场域中来观察土地冲突的扩散与积累，特别是要去分析地方政府化解土地冲突所采取的治理工具，探讨治理工具对土地冲突演变产生的影响。

一 农民的理性抗争与地方政府策略化治理

命题 7 被征地拆迁农民利益受损必然会理性地抗争，处于弱势地位的农民依然拥有反制地方政府的"弱者武器"，从而对地方政府行为形成一种"硬约束"，迫使其构建起一套独特的治理体系。

农民理性抗争经常地表现为不合作和个体上访，通过这些方式迫使地方政府妥协，从而提升征地拆迁的补偿标准。从对 L 市、G 开发区以及 H 新区征地拆迁的运行机制中可以看出，农民的不合作行为很容易遭到瓦解，上访就成为了他们另外一种理性选择。实地调查研究表明，农民很少采用法律手段来维护自身土地权益，他们认为上访是更为有效的一种手段。统计显示，128 农民中有 90 户农民认为征地拆迁中自家的土地权益受到了侵害，其中 68 位农民选择了通过到有关部门上访的方式来维护自家土地权益（见表6-5）。农民尹某因征地拆迁补偿标准问题长期上访，他认为："上访可以直接见到新区的领导，自己提出的问题反而容易解决些。"但有农民表示认为："一个人上访没有用，新区领导根本不理你，都是在忽悠你（摘自访谈记录）。"

表6-5　　　　　　　　　　农民的土地权益保障情况表

具体情形	频数（单选）	百分比（%）
1. 认为自己利益受损	90	70.3
2. 通过上访反映问题	68	75.6
3. 认为没有解决问题	54	79.4
4. 仍将继续上访	45	83.3

备注：第1种情形百分比由总数计算而来，2、3、4项百分比都是基于前一项对比而来。

群体上访、缠访闹访以及越级上访是农民另外一种抗争手段，它比不合作行为和个体上访的抗争力度要强。从第五章田野调查描述中可以看出，在G开发区因土地问题而群体上访的比例也非常高，在土地上访总体中所占的比例也越来越高。E市信访局干部这样描述："群体上访能给政府施加很大压力，必须谨慎地解决，否则就会发生堵门（政府大门）、堵路等现象，媒体一报道就会给当地施加很大压力。"在E市观察实习期间发现，土地冲突引发的缠访闹访问题非常多，这些问题涉及地方政府本身的行为，涉及的利益规模大、关系极为复杂，常常给信访维稳部门处理带来了难题。信访局干部还认为："土地纠纷类的缠访闹访问题也需要注意，既不能因为缠访闹访激化矛盾，又不能引起上级政府的注意；我们E市曾经还发生了失地农民越级上访的问题，到省委省政府大门口去告状和静坐；虽然现在不搞信访排名了，但这依然给我们的工作造成很大压力。"因此，通过群体性上访的被拆迁农民更能够实现其利益诉求。

群体性事件是被征地拆迁农民的一种极端抗争手段，它通过把土地矛盾和利益冲突"闹大"的方式来迫使地方政府作出最终让步。在L市、G开发区以及H新区都发生过与征地拆迁和土地收益分配有关的群体性事件，它通常在短时间内汇集巨大的社会能量。在 H 新区某新型集中居住社区，一位老上访户认为："现在你不把事情闹大，政府一般都不会管你"、"政府当时征我们的地，按 3.9 万每亩来补偿，我们村老百姓一闹，政府就将补偿标准提升到了 4.5 万元每亩。"在 H 新区信访局的干部认为："该村这一次的'闹'实际上就是一种小型的群体性事件，管委会领导逐渐认识到目前的征地拆迁补偿标准较低，于是讨论制定了全区新的补偿标准，该标准于 2013 年 9 月 1 日起实行，Z 村（闹事所在村组）征地拆迁时间在这之前，但也按新标准执行。"

命题 8　随着被征地拆迁农民抗争频度越来越高，地方政府不得不构建起一套策略化治理体系，地方政府所采用的治理工具既受到了治理结构的内在制约，也是与农民互动情境中的权宜选择。

除了在征地拆迁过程中对不合作者采取行政化动员外，利益俘获和适当警告也是应对上访者或者"闹事者"的重要治理工具选择。在 L 市、G 开发区以及 H 新区，在针对被征地拆迁农民的行政化动员之后，当地政府会采取更特殊的手段对仍坚持抗争的农民进行非正式化治理。根据笔者在 E 市信访局的了解，一般会通过弹性地提高征地拆迁补偿标准对这些上访者进行利益俘获，它还包括提高拆迁房屋补偿标准、给予农村低保指标以及安排公益性就业岗位等手段。当上访农民妥协时，信访部门就与这些上访者签订"息访协议"，并让上访者承诺保密相关的协议内容（见案例 6-10）。在利益俘获手段之外，地方政府还会适度地利用自身权威适当地采取威胁恐吓等灰色化警示手段，要求"闹事者"不要再"无理取闹""胡搅蛮缠"，从而显示出地方政府妥协的底线，闹事者越过底线之后就不能获得任何好处。

案例 6-10　农民陈某的"息访"之路。农民陈某是 G 开发区 DW 村村民，因征地拆迁补偿问题长期到 G 开发区所在市、省以及北京上访，他的核心诉求在于当年征地补偿标准过低，目前生活较为困难，希望政府对他予以关注。陈某多次遭到了当地政府的警告，但仍然坚持上访。2012 年十八大召开期间，陈某准备到北京上访，被当地信访部门发现后阻止。为了将陈某控制在家中，所在市信访局成立了市局、所在县以及所在镇组成的维稳工作组，负责做陈某的工作，制订了陈某上访诉求处置的方案。最终，陈某及父母获得了"低保"指标，在原征地补偿金额上又由所在县政府追加了一定的补偿金额。最终，陈某与所在县政府签订"息访"协议，此后没有再到有关部门上访。

　　土地冲突对社会矛盾和利益分配极为敏感，地方政府通常通过领导包案和重点治理等手段对其紧密关注，从而使"外部冲突内部化"，防止因科层卸责将土地冲突激化。L市、G开发区都采取了领导包案方式来化解重点上访案件，其中绝大多数都是由征地拆迁补偿问题引发的群体性上访案件，其特征就是牵扯的被征地拆迁农民多、利益关系极为复杂以及社会矛盾突出。领导包括可以解决因职能分工带来的相互推诿现象，避免被征地拆迁部门上访无门、利益诉求无果等问题，它一般由当地主要领导直接负责，牵头几个与此事件相关的几个职能部门，协调和督促这些职能部门做好矛盾纠纷排查处理和安全稳定维护工作，即"能解决尽量解决，不能解决也不能使矛盾扩大。"G开发区农民张某曾长期带领失地农民上访，他说："那个时候我带领大家上访，面临着很大的压力，各方面的人员都来做我的思想工作；我一个亲戚在区里面一个中学教书，包案的领导叫他来做我的工作，他在工作中也遭到很多压力；我没有办法，就没有去上访了。"

　　土地冲突的复杂利益关系常常会使部分被征地拆迁农民长期抗争，地方政府在情境之下不得不采取人盯人和围堵战术，目的是将"闹事者"控制在管辖范围之内。在上访过程中，不少上访者会用各类土地法律法规来维护自身土地权益，试图通过指出地方政府在征地拆迁或者土地收益分配中的不合法性来迫使其妥协，于是长期到各级政府部门进行上访，这增加了地方政府治理的难度和行政压力。因此，在一些地方信访部门会派驻村干部或者当地村组干部会对长期上访者进行"布控"，防止其到市、省、中央非法越级上访。L市农民王某因征地补偿不公，曾到北京上访，访谈中他说道："有一段时间，我只要一出门，就有干部来找我，以为我是到北京上访；有时候，他们把我的身份证拿走，不让我买火车票；如果政府理不亏，为什么要这么做？"

二　治理"钉子户"：摆平就是水平

命题9　"钉子户"是征地拆迁过程的一种常见，被征地拆迁农民通过采取坚决拒绝合作的姿态与地方政府博弈；为了降低"钉子户"抗争带来的负面影响，地方政府更多地依靠"息事宁人"方式化解问题。

在上述策略化治理措施之下，大多数农民在征地拆迁时都会选择合作或者放弃上访、"闹事"，但仍有少数农民会选择继续抗争策略，这些人被外界形象地称为"钉子户"。在征地拆迁过程中，"钉子户"的抵抗既体现在征地时利益补偿环节，企图通过不合作方式提高补偿标准，也体现在征地后通过持续缠访手段与地方政府纠缠，实现更多的利益补偿或者满足其他利益诉求。征地拆迁中的"钉子户"最让地方政府头疼，L市DT街道办事处某干部认为："我们政府实际上也是弱者，你比如说面对'钉子户'问题，面对漫天要价行为，我们怎么做工作都不行；政府又不敢打、不敢骂，这些人也很'刁'，他们根本不怕；现在项目落地的时间又紧、任务又重，有时候还不是只能满足其要求，我们街道有几栋农村房屋拆迁成本高达百万以上。"

当"钉子户"的利益诉求得到满足时，抗争强度和经济利益补偿多少之间就会建立起直接联系，由此农民抗争的频率和强度都会增加，土地冲突的敏感性也随之增加。在H新区社会事务局访谈时，一名干部认为："在征地拆迁过程中，经济利益规模大，农民也是理性的，不管有理没有理，都要来找你政府，'会哭的孩子有奶吃'；而且，我们政府在实际操作中也存在问题，少数'钉子户'获利几百万，这些事情一旦在农民间传开，会导致非常恶劣的影响。"在L市DT街道办ZM村，当地村民为了能够在征地拆迁时获得更多的利益补偿，在经过村组同意或者未经村组同意的情况下，修建了大量的"三违建筑"，这大大地提升了L市政府征地拆迁的难度和成本；当地某村民在访谈中说道："在征地拆迁时，他们通过和政府讨价还价，以'钉子户'方式拒绝拆除'三违建筑'，政府为了一个城市建设项目落地，最终满足了这些农民的要求，有些家庭获得了几套还建房、几百万的拆迁补偿"；"所以你叫我们这些顺民怎么想？老实人吃亏啊！"（摘自访谈记录）

地方政府在治理"钉子户"的策略行为会产生诸多负面影响，重要的表现就是被拆迁农民的抗争行为开始从"合理抗争"转变为"策略化谋利"。如果说少数"钉子户"的抗争源于征地拆迁补偿标准不合理和收益分配不公平，上访中的"钉子户"则是希望通过上访给地方政府制造压力，从而获得比其他被征地拆迁农民更多的利益补偿。在 L 市和 G 开发区，存在着一种极为特殊的上访"钉子户"，他们将上访作为一种"职业"来谋取经济利益，被形象地称为"上访专业户"。G 开发区失地农民周某上访案件就是一件典型的例子（见案例6-11）。

案例6-11[①] 周某家的土地于 2009 年被政府征用，在征地时，周某是村里少数"钉子户"之一，联合村民到市、省有关部门进行上访。当地干部为了节约征地时间，以补偿地面附着物的方式对周某进行了更多的利益补偿，周某与政府签订了"不闹事"的协议。之后，周某发现通过信访可以"捞取甜头"，于是继续上访，向各级部门寄送举报材料。当地政府为了平息事端，先后给周某及其父母解决了农村低保。当地信访干部这样描述周某："他现在摸清楚了上访的门道，平时一般不来上访，但主要领导接访时他会来递交材料，采取各种方式让领导在他的信访材料上批几句话，然后到相关部门去捞好处，说某某领导有批示。"

地方政府为什么会满足诸如周某这样的"钉子户"的利益诉求？一方面，由于地方政府直接介入到了征地的具体环节，是土地利益冲突的利益相关者，为了减少不必要的麻烦，希望通策略化的治理手段消解"钉子户"的抵抗。另一方面，"钉子户"的持续上访给地方政府造成了外部压

[①] 案例来源于对 G 开发区农民周某的深度访谈，内容由笔者整理而来。

力,通过无休地纠缠"拖累"当地主要领导,地方官员只能通过"息事宁人"方式来应对"钉子户"的抵抗。在 L 县和 G 开发区,"摆平就是水平"的治理思维在当地官僚系统中十分流行。当被征地拆迁农民与地方政府互动时,农民也就理性地认为"会哭的孩子有奶吃",习惯于以"闹大"方式来表达利益诉求,致使地方政府在此场域之下越来越依靠非正式的权宜选择。结果就是,地方政府在正式制度之外,采取非正式规则来解决农民和地方政府间的利益冲突,这种治理方式并没有从根本上解决实质问题,反而诱发了更多的社会矛盾。

三 "不出事逻辑":土地冲突压力的传导

从上述分析中可以看出,地方政府化解土地冲突的策略化手段既来自于与农民互动的权宜选择,也是治理结构约束下的一种理性选择。权宜选择是一种不可控制的因素,它取决于社会个体在互动场域中的行为适应。那么,治理结构作为一种可控制因素,到底对地方政府化解土地冲突产生了什么影响呢?治理结构中的哪些制度规则对地方政府策略化治理施加了影响?

命题 10 在以信访维稳为中心的压力型体制之下,地方政府不得不采取策略主义治理方式来分散农民的抵抗,将土地冲突的压力控制在管辖范围内或者向下传导,造成土地冲突在社会系统中加速汇集和酝酿。

在治理实践中,有效地治理城市化进程中的土地冲突需要从根本上扭转不合理的利益分配机制,通过利益再平衡方式让农民持续地分享土地增值收益,但在当期经济增长和土地收益分配机制秩序下,地方政府和农民间的利益是不兼容的。在对 L 市、G 开发区和 H 新区城市建设和土地经营的运行机制描述中发现,地方政府要维持经济增长就必须大规模地控制土地收益,继续以高投资、土地融资等方式加大城市建设和土地开发力度,经济增长和土地收益分配紧紧地捆绑在一起。在地方政府主导的城市化进程中,科层机制的运行往往和资本利益联结在一起,从而在土地收益分配中构建了一个"强势利益联盟。"在 H 新区,2013 年对过去几年各类招商引资、城市建设以及土地开发项目进行了清理，发现了大量"圈地现象""违规开发"现象，而当地干部表示："项目清理的难度很大，现在土地的价值已经增值，远远超过了当时签订协议的时候；比较严重的是，一些建设项目背后牵扯到很复杂的关系，涉及不同层次的领导干部。"这一现象也得到了验证，H 新区所在的 E 市在群众教育路线整改过程中就有"土地开发和城市建设领域腐败问题突出，违规批地、未批先建、少批多建等现象比较严重"。① 因此，土地冲突的源头不能控制，地方政府就只能在后续环节采取治理措施。

地方政府采取策略化治理手段与压力型体制有密切关系，自上而下的行政压力迫使科层体制在治理冲突时遵循着"不出事逻辑"，而农民则以遵循着"闹大"的行为逻辑。在 E 市信访局，处理群众上访问题最典型的一种手段就是以属地管理为原则，上访农民的户籍属于 E 市下面哪个县（区）就叫哪个县（区）的相关负责人来"领人"，对于土地上访类的市级领导包案事项，也主要由县（区）主要领导来直接落实（见案例6-12）。

案例 6-12　E 市一起土地上访案件的治理之术。在 2012 年 8 月的市领导接访日上，老上访户张某前来上访。当地市信访局副局长负责接访陈某，一见陈某上访时，该名副局长就电话通知陈某户籍所在县前来领人，告知今天是市领导接访日，该县必须前来接人。大约 1 小时左右，该县一名工作人员前来"领回"陈某，但陈某坚持自己在征地拆迁中遭遇补偿不公是事实，且自己发现了新的证据，今天必须要见到前来接访的市领导。该名工作人员情急之下，给陈某所在乡镇分管政法的党委副书记打了电话。1 小时之后，该乡镇副书记和陈某所在村的支部书记来到市信访局，软硬皆施之下，陈某最终未能见到接访的市领导，被"送"回了家中。

H 新区社会事务局某干部认为"土地上访问题直接涉及政府行为，很

---

① 资料来源于 E 市门户网站，为了减少学术研究对 E 市日常治理不必要的麻烦，在此省略具体网址。

多问题不能够得到根本性解决,所以只有通过信访维稳手段把这些矛盾固定在基层,各类项目建设才能顺利推进";"现在信访不搞排名,但是还是有内部通报,一些土地类上访案件还是不能放松,新区领导都比较重视,这涉及领导的面子问题。"因此可见,在自上而下控制的压力型体制下,地方政府只能透过信访和维稳以及其他治理制度,构建起包括化解土地冲突在内的社会矛盾的稳定机制,从而将土地冲突控制在管辖权范围内,把治理压力传递给更为基层的政府或者村委会,由此保障整个科层机制都围绕城市建设和土地开发这项经济建设中心工作。

当地方政府通过行政权力来控制和堵塞土地冲突时,不能从根本上让被征地拆迁农民满意,上访、"闹大"等方式也无法彻底解决土地冲突。从表6-5可以看出,上访者中的79.4%认为自己反映的问题没有得到解决,83.3%的人依然会选择继续上访。在访谈中还发现,再次上访者往往到更高一级政府部门上访,或者采取更强的抗争力度来反映自身土地利益诉求。随着时间推移,在该群体中产生了强烈的"不公平感",社会矛盾和利益冲突在社会系统中加速汇集和不断酝酿。在集体化土地产权制度下,在地方政府参与土地收益分配之后,农民仍不能完整地获取土地收益,他们还需要去协调与村集体以及与其他农民间的关系。因此,只要地方政府能够成功地处理掉与农民间的土地冲突,那么冲突的压力就会转移到农民与村集体、农民与农民之间。地方政府此时有可能扮演着外部中立的角色,监督村干部在土地收益分配中的谋私行为,以保证土地收益在乡土社会合理分配(见案例6-13)。

案例6-13 周某,G开发区某村村干部,70岁。我们当村干部的也有很大的压力,政府拿走了卖地钱的大头,剩下的小部分在村集体内部自行分配,"僧多粥少",分不好,农民的意见就很大,说我们村干部从中捞取了多少好处,到信访部门上访,给纪委部门写举报信。我们村干部"里外不是人",政府那头压着我们做事,群众对土地补偿款不满意,现在的群众工作真是很难做。我们村的土地补偿款,群众开会讨论了好多次都没有具体分配意见,在群众之间、群众和村干部之间产生了很大的矛盾。

第三节　土地风险的形成及其对治理实践的影响

在中国快速城市化进程中，一方面土地收益分配不公导致社会运行过程中产生了越来越多的土地冲突；另一方面由于缺乏合理的制度调节和压力释放机制，土地冲突在社会系统中不断汇集、积累和酝酿。在短期内，地方政府策略化的治理机制能够将土地冲突的压力很好地控制起来；但从更长的时间维度看，土地冲突将会和其他社会矛盾和利益冲突交织在一起，最终演变为社会系统中极具不确定性的土地风险，且这种风险不断向经济、社会以及治理等各领域蔓延，对地方政府治理实践制造出诸多负面影响。这种土地风险和土地冲突之间相互转化，加剧了土地冲突发生的频率、强度以及影响的范围。

命题11　由于对农民土地权益的严重忽视和对利益矛盾的长期掩盖，土地冲突最终演变为社会系统中的土地风险；土地风险是地方政府在城市化进程中的经济增长机制、收益分配机制和矛盾纠纷治理机制综合作用的结果。

在经济发展领域，土地风险表现为"土地城市化"中资源利用的低效率、农民无产化以及产业发展滞后带来的经济风险。政府主导的城市化存在着诸多的负外部效应，土地资源利用效率低就是最重要的后果。从经济发展的从长期效应看，"土地城市化"的发展模式违背了市场经济运行的规律，导致了城市化的内生动力不足，人口城市化与土地城市化脱节，土地城市化与产业发展脱节，造成了土地资源的极大浪费。在L市DT街道办事处ZM村，笔者在田野调查中发现了多处被政府"圈占"的土地并未进行开发，大面积的土地在征用后被闲置起来。在对该村农民深度访谈时，一位被征地农民描述道"我家的土地被征用已经有3年多了，征地之后政府并没有立即按照规划进行开发，当时说是要进行新城建设"；他还算了一笔经济账："以征地1亩为计算，我们处于城郊，可以种植蔬菜瓜果，一年的收入至少有5000元，三年就是1.5万；我们这块荒地共有100

多亩，农民的损失非常大。"H 新区正在对全区项目进行重新梳理，当地自 2006 年以来各类动工项目约为 55 个，其中建成或正在进行建设的项目仅有 27 个，大约有一半的项目征地之后，并没有进行开工建设，涉及的土地面积多达 5 万多亩。在 H 新区某集中居住型社区，当时为了某建设项目征地面积加上迁村腾地面积约为 5000 亩，而该项目并没有建成投产，导致大规模的失地农民"无产化""失业化"，许多农民甚至陷入贫困化的边缘。由此可见，政府主导型城市化容易忽视经济发展的成本，过度地政府干预增加了城市建设和各类项目开发的风险，加剧了地方经济发展面临的风险。

在地方治理领域，策略化治理机制不仅未能从根本上化解土地冲突，反而是诱发新的社会矛盾和冲突的重要原因。在地方政府治理过程中，正式制度规则不断遭到扭曲和瓦解，非正式化治理带来了严重的不良后果：一方面，这种情形降低了治理中地方政府的合法性，被征地拆迁农民不再信任地方政府权威。在 H 新区 DW 集中居住社区，不少被征地拆迁农民认为政府损害了自己的利益，他们认为只有通过集体闹事的方式才能从根本上解决问题，由一位农民带领多位被征地拆迁农民长期向新闻媒体、上级政府部门反映问题，出现了"群体性不满"这种对利益矛盾极为敏感的社会心理现象。另一方面，策略化治理刺激了利益主体的机会主义行为产生，他们甚至通过"制造事端"这样异化的方式来迫使地方政府满足其不合理的利益诉求。地方政府权威不断丧失以及社会治理的正式规则遭到破坏，这严重地影响了地方政府治理的有效性，甚至对宏观的国家治理都构成了巨大威胁，这其中隐匿的风险难以估量。

在社会运行过程中，土地风险不断转化为高强度的社会冲突事件，给社会秩序的稳定构成了极大威胁。当农民完成村集体内部土地补偿款的分配之后，意味着整个土地收益分配流程的终结，他们就彻底地被置于社会转型之中，重新去谋取维持生存"活路"。从表 6-6 中可以看出，缺少收入来源是影响被征地拆迁农民生活的重要因素。

表 6-6　　　　　　　　征地拆迁后农民的收入主要来源表

具体情形	频数（单选）	比例（%）
1. 经商做小生意	8	6.3
2. 外出务工	25	19.5
3. 本地企业就业	11	8.6
4. 周边地区打零工	15	11.7
5. 其他收入来源	6	4.7
6. 无收入来源	63	49.2

在 L 市、G 开发区和 H 新区，由于具有较高的"再社会化"能力和良好的社会资本，部分农民在征地拆迁之后通过外出务工、就地就业以及经商做生意等手段建立了稳定的生活来源，比较顺利地融入城市生活之中，实现了由传统农民向现代市民转变。然而，这些地方仍有大量被征地拆迁农民未能顺利地实现市民化的转变，他们仅仅是生活在了具有现代气息的集中安置小区，却丧失了职业发展和生活来源等方面的基本保障。从案例 6-14 中可以看出，与土地有关的社会矛盾和冲突对基层政府治理构成了挑战，是社会矛盾的敏感点和脆弱点。

案例 6-14　在 L 市，2011 年爆发了一场与征地拆迁有关的群体性事件。当地政府为了保持城市整洁，强力地清除一条新建商业步行街上的沿街摆摊行为。这些小摊贩大多数都是失地农民，因为沿街摆摊的事情，他们与当地政府部门发生了巨大的冲突。最终，由于社会矛盾的长期积累，在多种外部因素的刺激下，最终引发了一场包围当地县委县政府大楼的打砸抢事件。这起群体性事件轰动全国，造成当地市委市政府多名领导受到了行政问责。

被征地拆迁农民被动地陷入城市化进程中，不少农民既不能回到以土地为生的传统社会，也不能进入到有稳定收入来源的现代城市生活，致使社会转型中出现了"结构性断裂"。城市化的核心是"人的城市化"，在失去土地作为基本物质保障后，农民必须重建新的生活方式，实现由乡土生活方式向城市生活方式转变。当前，地方政府更加重视经济发展，忽视了向失地农民提供就业服务以及基本养老保险等公共产品。由于缺乏可持续的生计来源和必要的生存技能，一些失地农民对现代城市生活极端不适应。随着生命周期演进，大批失地农民在年老之时遭遇到生存危机。

在 L 县和 G 开发区，大多数年老的失地农民只能在家替子女抚养孩子，每月靠领取 55 元的新农保过生活。由于缺少土地作为基本的生活来源，他们所有收入完全来源于后辈，加重了失地农民家庭的经济负担（案例 6-15）。

案例 6-15　在 G 开发，笔者接触到一群特殊的上访群体，他们年龄大多数在 50 岁以上。20 世纪 90 年代，为了进行新城区建设，当地政府征用了这些农民的土地，当时采用的是就业安置的办法，将这群农民安排在一些镇办、村办集体企业。但不久之后，这些企业大多数都倒闭，他们只能自谋生路。20 多年来，随着这些农民进入老年，他们的家庭陷入贫困之中，加上没有城镇职工养老保险，又无法继续靠"打零工"维持基本生活。于是，分散在城市各个角落的失地农民，又重新聚集在一起，在当年村支部书记的带领下，通过长期上访向当地政府"讨生活"。

上述例子侧面反映了土地冲突所隐含的风险，这些风险已经对经济持续发展、地方有序治理以及社会系统平稳运行造成了极大负面影响。因此，"土地城市化"将农民被动地置于社会转型之中，土地冲突从农村向城市转移、集中和蔓延，加剧了社会系统中次生风险聚集的速度。随着土地风险在经济社会发展过程中的不断汇集，它逐渐由零星性的社会风险演变为系统性的风险网络，涉及经济、社会以及地方治理等多个方面，且这些风险对社会矛盾的敏感性不断增强，社会平稳运行的不确定性因素增多，极容易诱发大范围、高强度的社会冲突。

第四节　土地冲突演变与地方政府治理的转型

土地冲突演变给地方政府带来了诸多治理困境，增加了地方政府治理的经济成本和社会成本。当土地冲突成为地方政府治理不可回避的现实问题时，来自科层系统外部的压力将会倒逼地方政府推进治理转型，不断适应城市化和社会变迁的要求，从科层体制内部中创制出诸多新型治理手段来解决土地冲突问题，促进被征地拆迁农民向市民身份转变，不断降低土地冲突发生频率和影响范围。当前，这种治理转型尽管比较微小、作用还不够明显，但它依然是观察土地冲突演变的重要窗口，也是探索创新土地冲突治理的重要路径。

命题12 土地冲突演变的现实压力将迫使地方政府推进治理转型，通过良性的治理手段来解决因征地拆迁遗留下的各类社会问题，降低土地冲突对地方政府治理带来的不利影响，这些治理手段很有可能改变土地冲突的演变方向。

土地冲突的治理最为重要的就是从根源上转变城市发展方式，通过市场方式来驱动城市建设和土地开发过程，由此避免地方政府推进城市化的盲目情绪。在E市在2014年推进城市新区建设时，通过PPP（公私合作）模式来进行城市建设融资，将基础设施建设、新区建设以及招商引资统一打包给大型投资公司，由地方政府和投资公司入股建立新城开发的子公司。这种发展模式在一定程度上解决了地方政府过度干预市场经济运行的问题，使政府力量从城市建设和土地开发领域逐渐退出。E市某新区工作人员认为"现在都是公司化运作，政府不用考虑基础设施建设问题，都有X投资公司来负责"；"由于地方财政有限，地方政府主要以土地来入股，投资公司也主要看中土地价值带来的收益"。在这样的情况之下，"我们新区管委会还是要负责征地拆迁，负责向该投资公司提供净地"。由此可见，地方政府从城市建设和土地开发领域退出还面临着诸多限制，一些深层次的约束仍在发挥着重要作用。

除了提高征地拆迁补偿标准之外，最重要的是要保证农民参与分享城市化收益，由此建立维持生存和个体转型的可持续收入来源。何以让农民直接参与分享城市化收益？答案是农民以土地入股参与城市建设和开发，永久地分享土地增值收益和获取其他红利（见案例6-16）。当地一名长期在基层工作的干部认为"虽然钱不多,毕竟是个进步,这几年我们在征地拆迁上欠的账太多了,如果不采取措施来弥补,失地农民问题将是一个很大的隐患。"

案例 6-16　在 H 新区,新区管委会为了让农民直接感受到发展带来的好处,制定了农民以土地入股的政策,主要包括两个方面:首先,在村组提留款中拿出一部分现金直接入股各类经营性土地开发项目,村民以集体成员身份分享项目发展带来的经济收益;其次,将"迁村腾地"过程中的集体建设用地和集体公亩面积作价,允许村集体在村民协商的基础上入股成立各类经营公司,由集体经济组织、本土性精英和致富能手带领大家致富。在 E 市某新区,村民以土地作价入股某大型投资公司的经营开发项目,在 2014 年共获得了 3 次分红,每位村民 3 次各分得红利 100 元、300 元、400 元。

职业转变是被征地拆迁农民"再社会化"能否成功的关键,再就业关系到农民对未来生活的稳定预期。被征地拆迁农民再就业一直是个大问题:一是当前农民就业技能不适应城市化的需要;二是"土地城市化"问题致使城市化与产业发展失衡,城市化吸纳劳动力就业的能力不强。因此,城市化变成了"农民住进了楼房",却没有从根本上融入城市之中。

案例 6-17　在 G 开发区,为了解决被征地拆迁农民再就业问题,探索成立了旨在帮助他们再就业的"新市民公司"。"新市民公司"以政府投资和村集体以土地提留款共同入股成立,主要解决全区被征地农民再就业问题,开发区管委会将城市绿化、园林、市政保洁以及部分基础设施的建设和运营发包给"新市民公司",还扶持和鼓励"新市民公司"参与商场超市运营、小区保安业务以及物业管理等营利性产业。2013 年,G 开发区"新市民公司"第一年运营即解决 500 多人的就业问题,在部分产业上逐渐走出了政府扶持,开始"造血"盈利,实现了首次入股分红。更为主要的是,在"新市民公司"就业的被征地拆迁农民可以由公司购买养老保险,在就业之外分享城市公共服务。

被征地拆迁农民最大的隐忧就是失去土地后的保障问题，养老、医疗等服务有利于帮助他们在生命周期演变中保持基本的稳定（见案例6-18）。

案例6-18　2013年E市开始试点《被征地农民养老保险政策》，全市范围内被征地农民人均耕地不足0.3亩的60岁以上的老人，可以领取185元/元的被征地农民养老保险金，加上国家的新农保55元，每月可以领到240元。对于人均耕地低于0.3亩的60岁以下的被征地农民，采取了如下措施：2013年之前的被征地农民由政府财政"兜底"解决，出资2.5亿元为全市几万被征地农民建立了养老金账户，2013年之后即将产生的被征地农民，由用地方在征地时缴纳被征地农民养老保险基金。在H新区，不少被征地农民已经在享受这一政策带来的福利，他们认为这一变化总算有"盼头"了。E市还改革了城乡养老保障不衔接等问题，在被征地农民购买城镇职工养老保险、医疗保险方面都进行了创新，消除了因户籍制度带来的身份差别，这些政策目前正在试点之中。

土地冲突的巨大压力"倒逼"地方政府治理转型，这些治理政策的运行状况如何，他又在实践中究竟产生了什么影响呢？在田野调查中发现，治理转型面临着诸多硬性约束，征地拆迁遗留下了诸多历史问题，且在社会系统中不断积累和演变。因此，地方政府每采取一项治理创新政策都面临着较高的经济成本，且这些政策效果都很难"立竿见影"。例如，在G开发区，为了帮助"新市民公司"正常运转，开发区管委会进行了大量的财政投入，这样一项利民的政策在运行中增加了巨大的财政负担。在访谈中，有干部认为："如果仅仅从事后（指征地拆迁后）来解决被征地拆迁农民问题，那无疑都需要政府以财政支出来'兜底'，那好多政策都要走入死胡同。"由此可知，要解决征地拆迁留下的社会矛盾和利益冲突，这是一个极为复杂的系统性问题，单一的治理创新和政策变迁都无法使土地冲突得到根本性解决。

因此，在对地方政府治理土地冲突的政策创新思考的基础上，要进一步去思考如何构建起一整套体制机制和运作体系，使土地冲突的压力能够在社会系统中不断释放，最终进入一个社会秩序的相对稳定状态。要充分地考虑制度设计面临的约束条件和可行性，就需要结合城市化进程中土地冲突演变的内在机理，探讨阻断土地冲突演变或者使其朝着良性转变的关键路径，既保证治理创新政策的可行性，又节约治理创新的经济社会成本。

第五节 本章小结

本章在第三章、第四章宏观理论分析的基础上，按照理论演绎实证研究的方法，提出和归纳了12个理论命题，利用田野调查中搜集到的案例、事件、资料以及数据，对这些理论命题进行了阐释，更加清晰地勾勒出中国城市化进程中土地冲突演变的一般规律。我们的结论来源于E市、L市、G开发区以及H新区的多案例，但上述理论命题的概括和提炼仍然是具有普遍意义的，多案例折射出中国城市化进程中土地冲突的基本情况。通过这些多案例研究，本章实际上扩展和延伸了第三、第四章的理论分析，有些案例更为深刻地揭示出理论命题的细节，有些案例则弥补了理论研究的不足，有些案例则扩展了理论研究内容。

权力边界模糊造成了政府主导型城市化，政府力量在资源配置中发挥着重要的作用。实证分析表明，地方政府通过"委员会""指挥部"以及"工作专班"等综合性决策机构和临时性执行机构，强化了对权力科层系统进行整合，解决了职能分工造成的集体行动困境，将权力科层机制延伸至市场经济过程之中，甚至通过成立由政府控制的各类城市建设投资公司直接取代市场机制，完整地控制了土地一级、二级开发，在土地收益分配中居于强势地位。在征地拆迁和土地收益分配的过程中，由地方政府组建的临时性执行机构负责与被征地拆迁农民谈判，缺乏市场经济过程中平等交易、讨价还价等环节，这种工作方法更多地体现了"权力支配"逻辑。地方政府更是巧妙地利用市场经济中"签协议"方式使自身行为合理化，但这都不能完全掩饰这背后隐匿着的强制性。毫无疑问，城市建设和土地经营的权力科层运作排斥了农民的参与，忽视了被征地拆迁农民的偏好和利益，必然会引起各种各样的利益冲突。

地方政府行为不仅受到了权力边界模糊和自主性运行影响，更多地也来源于治理结构中隐匿着的激励机制。当地方政府越来越依靠土地出让金来维持财政收支平衡时，促成了其从"经营企业"向"经营城市"和"经营土地"的行为转变，这既是一种理性的行为选择，也是一种治理情境下的无奈之举。L市、G开发区以及H新区表明，土地不仅是地方财政收入的主要来源，甚至是招商引资、金融融资的重要物质基础。在以GDP为主导的经济考核指标下，地方官员晋升锦标赛加剧了地方政府推进城市建设和土地开发等行为，这种制度激励具有持续的作用力，是地方政府经济理性的另一种表现。在土地财政和官员锦标赛等制度机制的作用下，地方政府行为发生了扭曲和异化，经济增长陷入征地拆迁—城市建设—土地开发—征地拆迁的恶性循环之中，甚至出现了大拆大建、政绩工程等不良现象，地方政府更加偏好经济性的公共产品投入，而忽视了教育、养老、医疗以及就业服务等非经济产品的投入。这套经济增长机制以城市建设和土地开发为基础，它决定了这背后土地收益分配和成本收益负担的基本原则，农民处于收益分配的弱势地位，还不得不面临着较高的市民化成本和门槛。农民也是一个理性的利益主体，面对这种经济增长机制和土地收益分配，他们必然会通过各种方式进行正式抗争，由此我们便看到中国城市化进程中大规模土地冲突发生的丰富场景。

地方政府也肩负着化解社会矛盾和社会冲突的责任，面对日益严重的土地冲突，不得不构建起一整套策略化治理机制。来源于E市、L市、G开发区以及H新区的案例表明，土地冲突治理只是整个矛盾纠纷以及社会冲突治理机制的一部分，但由于它的社会敏感性、发生频率和影响强度较高，它成为策略化治理机制中最为重要的内容之一。这种策略机制受到了治理结构中压力型体制的影响，也受到了地方政府和农民互动的现实情境影响。在这种策略化治理机制下，农民抗争强度和利益补偿呈现出高度相关的联系，由此产生了"闹大""不出事"等行为逻辑，导致"钉子户"现象层出不穷。这种策略化治理实际是正式规则和非正式规则相互交叉，只是在治理实践中，非正式规则在治理土地冲突中越来越起着重要作用。在现有治理结构之下，地方政府不得不采取策略主义治理方式来分散农民的抵抗，维护社会秩序刚性稳定，将土地冲突的压力控制在管辖范围内或者向下传导，社会矛盾和利益冲突在社会系统中加速汇集和酝酿。

最终，在经济增长机制、土地收益分配机制以及土地冲突治理机制等机制的作用之下，土地冲突如同一颗"毒瘤"在社会系统中转化为一种社会风险，土地风险和土地冲突在现实中相互转化，社会系统运行呈现出更加不确定特征，给政治、经济以及公共治理都带来了极大危害。在G开发区和H新区，发现越发严重的土地冲突迫使地方政府创新治理工具，倒逼地方政府在城市建设和土地经营过程中进行各种制度创新。由此可见，土地冲突演变也促成了地方政府治理的演变，这是一种良好的、积极的信号，为合理地构建土地冲突治理机制提供了启示意义。

第七章　城市化进程中土地冲突的治理机制构建

本章主要探讨城市化进程中土地冲突治理的宏观机制设计和微观路径选择。第六章以理论命题形式对城市化进程中土地冲突的演变进行了研究，阐明了影响土地冲突演变的关键变量和一般过程。那么，如何才能设计出一套高效运作的治理机制来化解城市化进程中的土地冲突呢？这就涉及机制设计的问题。诺贝尔经济学奖得主、"机制设计理论之父"里奥尼德·赫维茨认为，机制设计必须考虑到现实的环境空间和机制设计的目标函数，使经济活动的参与者和利益主体的激励相容。即是说，良好的治理制度应该满足三个条件：实现了资源的有效配置；解决了信息不对称问题；有效地协调行为主体间的经济利益[①]。基于本书的研究切入点，本章将进一步提出土地冲突的治理机制和对策。

本章首先对城市化进程中土地冲突治理的宏观机制进行设计，设定土地冲突治理的目标，找到制约阻断土地冲突演变的约束条件；其次，结合理论研究和实证分析，提出治理城市化进程中土地冲突的微观路径，使其朝着良性可控、发生频率降低和影响强度减弱等方向转变。

第一节　土地冲突治理机制的宏观维度

从宏观角度看，土地冲突的治理应充分地考虑到它的发生、扩散以及转化的一般规律，重点考虑该过程中的关键变量及其相互关系和外部环境。关键变量是机制设计的基础，通过控制关键变量可以使土地冲突得到

---

① ［美］里奥尼德·赫维茨、［美］斯坦利·瑞特：《经济机制设计》，田国强译，上海人民出版社2009年版，第4—13页。

根本性治理；土地冲突治理机制设计要注意变量间的相互关系，既要防止因制度交叉增加不必要的治理成本问题，又要避免因制度间相互抵牾造成的制度系统结构不合理、功能不完善的问题；机制运行脱离不开现实环境，土地冲突治理的机制设计需要结合关键变量所处的真是场域。在中国城市化进程中，影响土地冲突演变因素的复杂性决定了其治理机制设计的难度，这就需要系统地分析制度设计的目标和制度运行的约束条件，从而保证治理机制的科学性和可操作性。

一 土地冲突治理的目标选定

中国正处于城市化加速发展阶段，农地非农化配置的速度和规模在短时间内难以降低，经济利益产生和利益关系调整必将引发利益冲突[①]。因此，从根本上消除中国城市化进程中的土地冲突并不现实，土地冲突治理的总目标是实现土地冲突在治理系统中得到合理有序地控制，一方面降低更多的土地冲突继续输入到社会系统中；另一方面不断地降低社会系统土地冲突发生的频率和影响强度，最终使土地冲突的压力在社会系统中得到不断释放。在这个总目标之下，本书认为土地冲突治理有以下四个分目标。

首先，在城市建设和土地经营过程中更好地约束和规范地方政府行为，从源头上减少土地冲突发生的频率和规模。在中国城市化进程中，地方政府过度地介入城市建设和土地经营等各类经济活动中，市场机制内生作用被极大地忽视了，地方政府行为扭曲和异化是土地冲突发生的重要原因。因此，土地冲突治理的首要目标就是要合理界定地方政府的价值和功能，使其扮演利益冲突的协调者而非直接关联者。如果地方政府是土地冲突的"当事者"，利益平衡和协调就缺乏一个权威性的组织，包括法律在内的正式规则就会遭到破坏[②]；相反，地方政府从土地收益分配领域退出，它就可以扮演一个利益平衡和冲突协调的权威性组织，包括法律在内的正

[①] 刘建平、杨磊：《农地非农化中利益冲突的类型及发生机理探析——基于L开发区的田野调查》，《华中科技大学学报》（社会科学版）2014年第1期。

[②] 这里不是指地方政府是司法主体，而是指使地方政府行为回归到法治的轨道上来。

式规则就会起到真正的作用。一旦土地收益分配及其利益冲突得到正式规则和权威性组织协调，土地冲突的发生频率和影响强度就会降低。

其次，地方政府和农民合理地分享城市化进程中的土地收益，且农民可以长期地分享土地增值收益，阻断土地冲突发生的利益根源。土地冲突发生的重要原因就是在现有治理结构下收益分配的失衡，农民不能以土地要素合理地分享城市化收益。土地冲突治理的一个目标就需要建立起合理的利益分享机制，赋予农民参与土地经营的经济优势和机会，走包容、稳定以及可持续的城市化。这实际上包括两层政策含义：一方面，土地冲突的治理需要构建起合理的利益分配规则，扭转地方政府在收益分配中的强势地位和农民的弱势地位，打破既有不公平的利益博弈格局；另一方面，个体化农民需要与市场机制有效地对接起来，能够自由地参与土地资源的交易和利益分配过程，从而提高农民控制土地增值收益的能力。巴泽尔的产权理论表明，利益主体对要素流的控制能力对产权的界定至关重要[1]。由此表明，提升农民在城市化进程中对土地要素流的控制符合土地冲突治理的目标选择。

再次，在土地冲突治理过程中，构建起地方政府和农民间的冲突协商机制，防止地方政府策略化治理和农民谋利化抗争等机会主义行为。在现代社会，社会冲突的治理需要建立良性的沟通和协调机制，建立起利益主体对抗的"缓冲区""调节器"和"安全阀"[2]。城市化进程中的土地冲突是中国社会转型中的一种较为典型的社会冲突，它集中地发生在地方政府和农民这两个主体之间。土地冲突合理的协商机制就是要避免这两个利益主体直接发生对抗，从而造成地方治理中发生大规模的社会危机。那么，如何才能建立治理土地冲突的协商机制呢？最重要的就是将农民利益诉求纳入政府征地拆迁、利益分配以及冲突化解等政策议题之中。也就是说，地方政府应该将土地冲突作为一个公共政策问题，将其纳入正式的治理议程之中，制定系统化的治理机制而非策略性地将其向底层社会传导，从根本上防止土地冲突的蔓延、积累和转化。

---

[1] 巴泽尔：《产权的经济分析》，格致出版社 2008 年版，第 5—10 页。
[2] [美] 科塞：《社会冲突的功能》，孙立平等译，华夏出版社 1989 年版，第 106—119 页。

最后，实现被征地拆迁农民由农民身份向市民身份转变。在中国由传统农村社会转变为现代城市社会的过程中，在缺乏土地资源作为基本物质生活支撑时，土地冲突直接表现为社会转型中被征地拆迁农民在市民化进程中面临着的贫困化和边缘化等社会矛盾和问题。土地冲突治理的重要目标就是要让农民顺利的实现身份和职业发展转型，真正地融入城市生活之中。促进地方政府职能转型，降低市民化的门槛和成本也是促进其市民化的重要路径。因此，地方政府在化解土地冲突这个政策议题时，在建立利益冲突协调机制之外，还需要通过完善公共服务体系等配套性政策，破除二元结构下隐匿着的不合理成本转嫁和双重剥削现象，提升被征地拆迁农民对社会转型的适应能力。

二 土地冲突治理的几组关系

从土地冲突治理目标选择中可以看出，土地冲突的有效治理涉及复杂的利益关系，这些利益关系决定着治理机制的设计和运行效果。因此，在微观机制设计之前，需要对这些利益关系进行全面的剖析。

首先，政府与市场的关系。在城市建设和土地经营过程中，政府和市场之间的关系并不是对立的，它们两者之间是互补和统一的。在资源配置和要素流动方面，市场机制发挥"无形之手"的作用，利用价格、竞争和交易等手段实现经济运行的均衡，提高资源配置的效率。城市建设和土地开发利用也涉及公共利益的环节，政府作为公共利益的协调者应发挥应有的作用。例如，地方政府应使城市规划和土地利用规划符合公众的偏好和需求。在市场驱动型城市化下，土地资源按照市场经济内在规律来配置，要素收益流在市场交易主体间合理地分配，既为城市发展提供了充足的资金，又使不同利益主体分享了城市化收益，最终实现土地、人口、产业等要素的高度集聚。在政府主导型城市化下，地方政府控制和垄断了土地等资源要素的配置，市场机制的内生作用被大大削弱了。由于城市建设和土地经营被纳入科层系统之中，竞争和价格机制难以发挥作用，在不合理的治理激励之下，地方政府行为扭曲造成了土地收益分配失衡，甚至出现了人口、产业和土地等要素在城市化进程中相分离的情形。因此，合理地处理城市化进程中的土地冲突，必须正确地处理政府和市场之间的关系。

其次，政府与农民的关系。在城市化和土地经营过程中，地方政府通过财政、权力以及金融等手段掌握了大量的资金，而被征地拆迁农民在获得较低利益补偿的情况下，又不得不面对较高的市民化门槛和成本。因此，合理地处理城市化进程中的土地冲突，需要正确地处理地方政府和农民间的利益关系，核心在于改变地方政府不合理的行为逻辑，使其与农民间的利益实现兼容。地方政府在城市建设和土地经营过程中的行为与中国当代政府治理结构中的激励机制有着密切关系。当制度结构隐含着的激励驱使地方政府不断介入土地经营过程逐利时，地方政府与农民间的关系将面临巨大张力，且农民总是居于弱势的经济地位；当制度结构隐含着的激励促使地方政府有着保障农民土地权益时，地方政府和农民间的关系就会得到缓和，共容利益[①]将会使地方政府治理结构不断走向完善。在对土地冲突演变机理进行阐释时，本书揭示了地方政府和农民间的利益是如何不相容的。因此，新的制度设计应当使地方政府和农民间的利益兼容，即是说，要让地方政府能够且有动力合理地分配土地收益。

最后，政府与社会的关系。城市化和土地经营尽管是一个市场经济过程，但社会参与依然是其重要的补充力量。在政府主导型城市化，地方政府将权力科层直接嵌入社会领域，刚性地化解被征地拆迁农民的不合作行为，社会力量也无法参与城市化和土地开发过程。因此，中国城市化进程中的土地冲突治理需要正确地处理政府与社会的关系：一方面，在征地拆迁和利益矛盾化解过程中，社会领域是政府和农民对抗的缓冲区，地方政府过度介入社会领域将会加大其与被征地拆迁农民间的对抗力度；另一方面，发达国家城市化经验表明，社会力量是城市化动力来源的重要补充，在中国城市化进程中应将公众参与纳入城市规划和土地规划的决策之中，制约和监督地方政府不合理的行为。

三　调整土地冲突治理的激励机制与约束条件

随着国家治理形势的不断变化，城市化进程中土地冲突治理创新既面

[①] ［美］曼瑟·奥尔森：《国家的兴衰：经济增长、滞胀和社会僵化》，李增刚译，上海人民出版社2007年版，第225—230页。

临着不少有利条件，也存在着诸多深层次的制约因素。当前，中国实现城市化进程中土地冲突治理创新面临着不少有利条件，例如：首先，党的十八届三中全会制定了全面深化改革的总方针，地方政府治理结构改革问题被提上议程；例如，中国财税体制改革纳入顶层设计，土地财政问题引起的负面问题引起了社会的广泛关注，政府财政收支的"预算软约束"问题有可能得到有效的控制。政府治理结构的改革将有利于规范地方政府在城市建设和土地经营中的行为，使政府行为朝着正确的价值领域回归；其次，党的十八届三中全会明确地指出要让市场机制在资源配置中发挥决定性作用，更好发挥政府的作用，为明确政府和市场间的关系指明了方向。城市化和土地经营就是要发挥市场机制的内生作用，增强中国城市发展的内生动力，而不是地方政府主导下单纯的城市扩张和土地开发；最后，中央出台的多份文件的政策内容都涉及了城市化和土地方面的问题，这为地方政府推进新型城市化和土地制度改革试点创新创造了条件，等等。

中国城市化进程中土地冲突的治理也面临着诸多约束条件，主要包括以下几个方面：首先，原有机制运行的路径依赖。在由计划经济转型市场经济过程中，地方政府介入城市建设和土地经营等经济领域由来已久，且市场和政府力量相互交错。其次，制度激励机制的双重作用。中国政府治理结构中的某些制度规则在短期内仍能够带来经济增长。例如，土地财政使城市基础设施建设得以大规模推进，有学者甚至认为这是构成中国城市化的物质基础。相反，地方政府在土地财政之下不得不大规模的征地拆迁，这又是引发土地冲突的重要原因。再次，土地冲突治理的重要目标就是约束地方政府行为，这涉及政府治理结构的深层次改革，必然会遇到来自多方面的阻力。最后，土地冲突治理是一个系统化的工程，需要多方面的制度联动变迁才能使其治理，在渐进式的变迁中某个单一政策的变动有可能难以发挥作用，降低了地方政府创新土地冲突治理的动力。在治理实践中，如何通过微观的制度变革来化解城市化进程中的土地冲突呢？

第二节 土地冲突治理的微观路径选择

中国城市化进程中土地冲突呈现出动态演变的过程，在充分尊重经济发展和社会治理的基础上，其有效治理需要也应构建起弹性地、动态的治理路径，最终实现土地冲突治理的制度化。著名政治学者塞缪尔·亨廷顿指出："任何组织和程序的制度化可以从适应性、复杂性、自治性和内部协调性来衡量。"① 因此，城市化进程中土地冲突治理的微观路径选择应适应不断变化的情景，实现治理规则明晰化、权力运行规范化以及治理有序化。

一 明晰政府和市场的边界，发挥市场的决定性作用

政府和市场边界模糊为地方政府介入城市建设和土地经营等经济活动提供了制度空间，权力的强势运作与分配、权力和资本的利益合谋等现象集中地出现在边界模糊地带，这是诱发土地冲突重要的利益根源。因此，发挥市场机制在城市化和土地经营中的作用，防止地方政府利用权力自主性进入经济领域攫取土地收益，压缩和降低地方政府通过行政权力获取包括土地利益在内的"体制外资源"的空间与能力，对于化解土地冲突就显得极为关键。

首先，减少政府行政干预，地方政府应逐渐从与城市建设和土地经营相关的经济活动中退出，构建一个"强化市场型政府"，充分地尊重和保障农民的土地权益。经济学家奥尔森认为，在一个能够自我实施的市场机制中，政府的作用就是要使市场机制运行得更好，通过发挥界定和保护产权、监督合约执行等职能来强化市场机制的作用②。在中国城市化进程中，地方政府力量应减少对城市经营活动的干预，充分地尊重市场经济运行的客观规律，杜绝通过大拆大建方式来打造"政绩工程"；改变通过行政力量主导征地拆迁的现象，允许农民平等地参与土地资源配置过程，通过谈判、协商以及讨价还价方式决定征地拆迁补偿标准，使征地拆迁从封闭的权力科层运作过程走向开放的市场机制运作，防止地方政府利用权力自主性在征地拆迁中谋利，杜绝非法征地和强制性拆迁；不断完善城市经营市

---

① ［美］塞缪尔·亨廷顿:《变化社会中的政治秩序》，王冠华、刘为译，上海世纪出版集团2010年版，第10页。

② ［美］曼瑟·奥尔森:《权力与繁荣》，苏长和译，上海人民出版社2005年版，第3、50页。

场化运作机制，通过引入公私合作（PPP 模式）等方式转变城市基础设施建设和运行方式，弱化行政力量在城市建设和开发中的作用，减轻政府主导下过度依赖土地财政，从而避免地方政府进行大规模的"圈地"和"卖地"。

其次，发挥市场机制作用，促使人口、土地以及产业等要素自然集聚，激发土地要素活力，不断增强城市发展的内生动力，解决单纯土地开发造成的"土地城市化"问题。在城市化进程中，土地非农化将是一个长期现象，应当发挥竞争、价格以及讨价还价等市场机制在该进程中的决定性作用，真实地反映土地资源供求关系和经济价值，使土地变为支撑城市发展的资源和要素，变为增加农民收入的资产，实现地方政府、农民以及开发商等主体间的利益兼容，在市场机制内部建立合理的利益平衡和土地收益分配机制；在土地集体所有权制度下，地方政府应按照市场经济的客观规律来配置土地资源，使人口和产业在土地空间上高度集聚，既提高土地资源的配置效率，又为城市建设和发展提供了资金流，避免城市空间无序向外围扩张，使"人口城市化"和"土地城市化"基本协调。在城市化进程中，地方政府应杜绝人为地进行"造城运动"，要让人口、土地和产业等要素自然融合，土地经营要坚持以产业发展为导向，规范房地产业的发展，促进产城融合发展，最大限度地吸纳被征地拆迁农民再就业，为其提供稳定可持续的收入来源。

最后，产权清晰是市场运行的基础性条件，应进一步完善中国农村土地产权制度，保障土地要素流为民所有、所享，扭转土地收益分配失衡的格局。政治学家拉尔夫·达仁道夫指出，"社会不公是现代社会冲突产生的重要根源，它导致了部分社会群体权利的缺乏。"[①] 因此，产权保护的加强和收入分配的改善都会减少群体性冲突行为的发生，是构建完善的社会稳定机制的微观基础[②]。在短期内，农地产权的清晰界定很有可能会造成

---

① [英] 拉尔夫·达仁道夫：《现代社会冲突》，林荣远译，中国社会科学出版社 2000 年版，第 3—11 页。

② 张学昆、朱诚：《收入分配、产权保护与社会冲突：现代经济学视角下的冲突管理与和谐社会构建》，《浙江大学学报》（人文社会科学版）2014 年第 1 期。

农民强力抗争,有可能会增加征地拆迁难度;但从长期看,这种措施却有利于降低土地冲突,源于这种做法有利于按照市场经济规律来配置土地资源。中国城市化进程中土地冲突的治理:一方面,要不断完善农村土地集体产权所有制下的治理体系,提高农民的组织化能力,防止由于主体虚化造成要素收益流失和利益侵害等问题;另一方面,要强化农地承包经营权在土地收益分配中的地位,保持权利属性的统一性和稳定性,增强农民在土地资源非农化配置中的经济地位和博弈能力,保障农民能够独立自主地控制土地要素收益流。通过清晰地界定农村土地产权属性,使不同的利益主体合理按照市场经济的逻辑分享土地要素收益流,改变地方政府主导格局下收益分配失衡造成的不公平现象。

二 改善地方政府的激励结构,约束和监督政府行为

在减少地方政府行为空间的基础上,土地冲突治理还需要进一步优化科层机制的行为,建立起良性的制度激励机制,弱化地方政府及其官员介入城市化和土地经营等经济领域的行为动机,这就需要一方面通过改变制度激励变量使地方政府及其官员行为向正确轨道回归;另一方面又要建立监督和惩罚机制来约束地方政府及其官员行为。

首先,完善中央和地方的财政收支体系,合理地确定央地财政共享比例和支出范围,合理确定税基和规范税收收入来源,降低地方政府对土地财政的过度依赖。土地财政是造成城市空间扩张、地方政府大规模征地拆迁的重要原因,它驱使地方政府不得不通过造城、单纯地土地开发来实现预算外收入最大化。在约束地方政府行为时一直存在着集权和分权的悖论,财政收支集权化改革与土地冲突存在着密切关系,中央政府力图控制、改变地方政府行为的努力不但没有得到预期的效果,反而驱使地方政府更加强有力地谋取各种体制外资源,在"预算软约束"的情形之下,土地征用和开发就成了地方政府"生财之道"[1]。在快速城市化进程中,地方公共事务膨胀加大了财政收入的压力,要扭转土地财权带来的负面影响,必须实现中央和地方财权与事权的统一。此外,要解

---

[1] 周飞舟:《生财有道:土地开发和转让中的政府和农民》,《社会学研究》2007年第1期。

决土地财政问题，将主要税基逐渐从生产环节向收入取得、消费及财产形成环节转移，增强税收制度的"消费性"特征①，使地方政府愿意且有能力促成人口、土地和产业间真正融合，防止土地财政带来的"土地城市化问题"，不断解决城市发展与产业脱节以及产业结构失衡等问题，增强实体产业对城市化的支撑能力，从而为解决被征地拆迁农民就业问题创造良好的条件。

其次，完善地方政府及其官员的考核机制，构建起综合化的晋升考核指标，特别是改变"锦标赛体制"下的经济增长。在国家宏观治理体制下，中国构建起了一个追求经济发展的赶超型体制；在地方政府治理层面，区域间地方政府也面临着以经济增长为中心的"锦标赛体制"。在这种"锦标赛体制"之下，地方政府有极强的动机实现财政扩张，加速土地财政的压力和诱导，最终导致大规模的城市建设和行政性征地拆迁。在城市化进程中，应建立起包括经济增长、公共产品提供、社会和谐以及地方稳定在内的综合化考核机制，优化地方政府竞争的政治生态：第一，要避免地方政府过度地依赖对城市基础设施投资等经济性公共产品的投资，防止利用行政力量强力地拉动经济增长，避免经济增长陷入"征地—建城—征地"的恶性循环；第二，要鼓励地方政府因地制宜地发展城市化，在晋升考核环节减少地方政府大拆大建、城市建设"摊大饼"等激进情绪，减少不合理的征地拆迁行为，禁止地方政府为了"圈地"而进行的"诱民进城""逼民上楼"等行为；第三，增强地方政府对教育、医疗等非经济性公共服务的投资，不断实现城市社会福利的最大化，降低被征地拆迁公民市民化的门槛和成本，实现经济与社会同步发展；从"为增长而竞争"转变为"为和谐而竞争"，促使地方政府兼顾发展地方经济与提供地方公共品这两个方面的努力②。

再次，完善以指标和考核为核心的"压力型"政治激励模式，扭转对

---

① 王剑锋、孙琦：《内生性土地财政扩张与产业结构失衡》，《公共管理与政策评论》2014年第1期。

② 陈钊、徐彤：《走向"为和谐而竞争"：晋升锦标赛下的中央和地方治理模式变迁》，《世界经济》2011年第9期。

GDP 的绝对偏好和对片面稳定的追求。在中国政府治理结构中，自上而下的"压力体制"有利于解决地方分权过程中存在的问题，但应当避免在指标设置、测量、监督等方面的制度性缺陷[①]。在经济领域，要打破对 GDP 的绝对偏好，防止地方政府片面地以高投资方式拉动经济增长，甚至不惜以打造"形象工程"来达到表象的指标，既要考虑到城市化与经济增长的外在表象指标，更要重视土地资源利用效率、被征地拆迁农民再就业以及社会保障等内涵指标。鼓励地方政府在城市建设和土地经营过程中将农民意见纳入决策之中，对涉及征地拆迁的各项开发项目进行风险和成本评估，增强地方政府对公共利益的回应性。在社会领域，要打破对和谐稳定的片面追求，尽量地避免通过"一票否决"等方式向地方政府施加压力，地方政府应避免利用"维稳"方式来堵塞土地冲突，使信访制度的功能向利益诉求表达和农民权利损害弥补等回归，应当更多地利用协商、沟通等方式来疏导社会矛盾，全面地掌握被征地拆迁农民的利益诉求，从而找到化解土地冲突的利益平衡点，促使土地冲突的压力有序地向外释放，而不是使其在社会系统中积累和蔓延。

最后，监督地方政府在城市建设和土地经营中的行为，严厉处罚圈钱交易和官商勾结等违法行为。在城市化进程中，土地腐败趋势处于高发期，这种现象侵害了农民的土地权益。严格执行征地拆迁、土地交易、供地程序以及供地方式等方面的政策法规，对地方政府和其他利益主体违法用地、违规用地进行严肃处理，切断权力和资本合谋的制度空间和利益空间。在短期内，土地财政的路径依赖难以扭转，它仍将是中国城市化的重要资金来源。因此，强化对地方政府土地财政的约束和监督，全面清理和审计土地财政收入规模和支出范围，实现"软约束"变为"硬约束"。地方政府应建立土地收入的台账制度，重点在于土地出让金部分，公开土地交易规模、价格等基本信息，明确地列出土地支出的明晰，合理地规范土地收益的支出范围，在满足基本的城市基础设施建设基础上，要保障土地收入更多的用在社会保障、廉租房建设等"民生工程"之上，对于土地财

---

① 冉冉：《"压力型体制"下的政治激励与地方环境治理》，《经济社会体制比较》2013 年第 3 期。

政审计处的问题要追究地方政府及相关官员的责任,查处地方官员贪污、挪用等违规使用土地收入的行为。

三 构建合理的利益分配规则,让农民分享土地收益

农民对城市化进程中土地收益分配极为敏感,土地收益需要兼顾到多方的利益,最根本的还是在于保证农民的权益。在城市化进程中,中国还未建立起完善的土地收益分配机制,地方政府主导了整个利益分配格局,而开发商行为常常隐匿在市场机制背后,造成了对农民土地权益的损害。因此,城市化进程中土地冲突的治理需要构建起合理的利益分配规则,让农民分享土地增值收益。

首先,在提高征地拆迁补偿标准的基础上,补偿方式应当遵循保障农民可持续生计原则[1]。可持续性经济资源供给是被征地拆迁农民顺利市民化的物质条件,在资金短缺的情况下,地方政府需要通过土地收入实现对城市基础设施的投资,但仍需要不断提高征地拆迁补偿标准,要合理地确定土地收益在地方政府、开发商和农民间的分配比例,扭转开发商、地方政府等强势主体过度受益而农民分享比例过低的现象,从而缓解地方政府和农民间的张力和冲突。在短期内,征地拆迁增加了农民的收入和提升了其消费水平;但从长期角度看,在城市化进程中,在失去土地作为维持基本生活来源的物质条件后,被征地拆迁农民在生活方式转型中面临着较高的经济成本,征地拆迁补偿标准应当满足其融入城市生活的基本条件,适应由储蓄到消费的生活方式转变。一次性货币补偿实际上增加了被征地拆迁农民市民化的初始成本,不利于他们适应社会转型。因此,在一次性货币补偿基础上,还要采取有利于维持农民可持续生计的保障方式,例如,采取分期补偿、"土地换社保"等多样化、灵活化的补偿方式,实现被征地拆迁农民由"被动城市化"转变为"主动城市化"[2]。

---

[1] 梅付春:《失地农民合理利益完全补偿问题探析》,《农业经济问题(月刊)》2007年第3期。

[2] 张春雨:《基于公民权利理念的农民社会保障及"土地换社保"问题分析》,《兰州学刊》2009年第5期。

其次,对于部分经营性城市建设项目,开发商应当承担起征地拆迁和土地经营的成本,由开发商和被征地农民直接谈判,地方政府则主要负责开发商和农民间利益的协调,使利益分配由政府主导转变为按市场经济的平等原则进行,减少权力和资本合谋的经济机会。在经营性项目征地拆迁时,开发商应保证解决两方面的问题:第一,开发商应为农民建立被征地农民养老保险基金,这笔资金则要做到由地方政府按照当地城乡居民养老保险的相关制度负责管理。这种做法一方面使开发商按照市场经济原则支付相应的成本,扭转不公平的土地收益分配格局;另一方面则是最大限度地降低被征地拆迁农民失去土地后面临的生活风险,增强他们维持可持续生计的能力。第二,地方政府应支持和鼓励开发商首先吸纳被征地拆迁农民就业,提供相应的工作岗位,减少被征地拆迁农民生活的后顾之忧。当开发商在城市建设和土地经营中的行为公开化和透明化之后,特别是实现收益分配和成本支付的统一之后,城市发展中的成本转嫁现象就会大大减少,与市场经济相违背的大拆大建、无序征地现象也会减少,征地拆迁就会回归市场经济的理性,土地冲突就有可能减少。

最后,增强农民以土地参与分享城市化收益的能力,允许农民或者集体经济组织自主进行参与城市建设和入股参与分享土地增值收益红利。在东部沿海经济发达地区,都在探索农民以土地入股参与分享城市化红利的试验,但如何才能使小农与大市场良好地对接呢,从而真正走出农民自主城市化的困境?在实践中,农民以土地分享城市化收益已经有许多创新,在这些创新的基础上仍可以从以下几个方面来考虑,实质就是让农民从"弃地进城"到"带地进程",实现要素收益流的合理分配和流动,增强农民内在的生存和发展能力[①]:第一,在地方政府有效规划和监管下,赋予农民集体建设用地开发权,允许农民或者集体经济组织通过集体建设用地引进资金发展工商经济和第三产业,既保证了农民对土地要素收入流的控制,又有利于增强城市建设的动力,使社会参与成为城市化的重要动力来源。第二,构建起"开发权转移"机制,鼓励和支撑农民或者集体经济

---

① 李飞、杜云素:《"弃地"进城到"带地"进程:农民城市化的思考》,《中国农村观察》2013年第6期。

组织以集体建设用地入股参与企业的经营性开发项目，农民和村集体则可以在经营收入中分享红利，从而长期地拥有分享土地增值收益的机会。第三，鼓励和支撑集体经济组织以村组提留的土地补偿款成立经营性公司，抑或是入股经营性土地开发项目，农民以集体成员的身份从集体经济组织中分享红利。

四 强化正式治理的协调作用，释放土地冲突的压力

在土地冲突治理过程中，地方政府和农民间的互动受到了多种因素影响，为了在短时间内化解农民的抗争行为，地方政府不得不采取策略化的治理手段，土地冲突治理出现了"去制度化"水平。"去制度化"治理引致了大量的机会主义行为，在长期内反而不利于土地冲突的有效治理，促使"潜规则"在公共治理中盛行起来。那么，如何才能使土地冲突治理走向制度化呢？

首先，地方政府应从征地拆迁领域逐渐退出，避免利用行政化动员方式来要求农民配合征地拆迁，禁止地方灰色势力介入征地拆迁和利益补偿等环节，强化正式治理的权威性作用。在传统社会，简约化的策略治理有利于乡土社会矛盾的解决，它既维护了正式治理的权威，又适应了乡土社会的内在结构[①]。在城市化进程中，征地拆迁使得经济利益密集输入乡土社会，简约化的策略治理反而是引起利益纠纷的来源，应当强调正式治理的协调作用。第一，地方政府的科层权力机制不应介入征地拆迁过程，通过明晰征地拆迁程序、利益补偿标准和其他利益协调机制，允许农民成立自主性的征地拆迁组织，由组织化力量与地方政府或者开发商讨价还价，农民的利益诉求和偏好得以集中地表达，实现由"权力支配"型征地拆迁到"自主合作型"征地拆迁。第二，斩断灰色势力与权力之间的利益纽带，约束基层干部的不法行为，坚决打击地方性灰色势力介入征地拆迁，消除征地拆迁中盛行的"潜规则"，由地方政府主导建立征地拆迁的"明规则"，增强地方政府的权威性和信任水平。第三，重构中国当下的"信

[①] 黄宗智：《集权的简约治理——中国以准官员和纠纷解决为主的半正式基层行政》，《开放时代》2008年第3期。

访政治",正确地处理征地拆迁和土地冲突治理过程中机会主义者"策略化谋利"等问题,通过法律等正式制度规则来化解利益主体间的张力,走出地方政府治理中的信访维稳困境。① 在征地拆迁过程中,要扭转地方政府主导下对不配合者给予更多利益补偿等问题,在合理评估土地和房屋的价值后,地方政府可以按照程序依法进行征地和强制拆除房屋;在土地冲突治理过程中,要明晰信访、维稳等部门和制度的职责与功能,强调正式规则和实体程序的重要性,防止以"维稳"名义在正式制度之外解决问题。

其次,建立包括地方政府、开发商和被征地拆迁农民等多主体在内的冲突协商机制,不断回应被征地拆迁农民在冲突过程中的利益诉求,构筑起治理土地冲突的"安全阀"。沟通协商是现代社会冲突治理的重要途径,土地冲突作为一种直接利益型的冲突,多主体间合作与协调有利于在博弈过程中找到利益平衡点,从而避免地方政府主导而农民被动配合的局面。第一,对于因公共利益征地拆迁的项目,地方政府与农民应该就公共利益的边界、范围以及利益补偿标准进行讨论,避免因公共利益而过度向私人领域扩张,要防止借公共利益名义进行商业性开发。第二,对于经营性征地拆迁项目,地方政府应避免直接介入利益分配之中,更多地扮演着协调和监督者的角色,保证开发商和农民平等地讨价还价,由他们按照市场经济原则自主地决定利益补偿的范围和方式,建立土地资源"溢价"的共享机制,防止出现资本主体利用强势地位损害农民利益的现象。

最后,当多个主体都卷入土地冲突时,应当及时回应各方利益诉求,建立相应的应急治理预案,避免因时间拖延、信息不对称等原因激化土地冲突中的利益矛盾,在社会系统内部建立调节土地冲突压力的"安全阀"。

五 政府职能向公共利益回归,促进被征地拆迁农民市民化

在发展主义思维影响之下,中国地方政府仍然肩负着发展经济的责任,它依然会在城市化过程中发挥着重要作用。然而,在明晰政府和市场

---

① 刘正强:《重建信访政治——超越国家"访"务困境的一种思路》,《开放时代》2015 年第 1 期。

的边界之后,"公共性"应当成为地方政府行为主要的逻辑选择,政府职能不断地向公共价值回归,增强对公众需求的响应性和回应性。地方政府治理的公共性逻辑可以有效地解决经济理性逻辑遗留下来的问题,防止土地冲突在社会系统中长期堆积。因此,地方政府不应该回避土地冲突中隐藏着的深层次矛盾,走出发展主义思维下的行为困境,应当下大力气着手解决城市建设和征地拆迁中的公共性问题,为被征地拆迁农民提供公共服务,使其在整体上适应中国社会的转型,在个体上使被征地拆迁农民适应由农村生活向城市生活的转型,从而维持社会结构转型的总体稳定,在不断发展过程中消解土地冲突的压力,最终成功地实现社会转型和社会秩序的重构。

首先,强调政府职能向公共利益和公共性回归,构建"强化公共服务型"政府,解决被征地拆迁农民面临着的制度性不公平问题,更好地发挥政府的作用,防止他们在城市化进程中被边缘化、弱势化以及贫困化[①]。第一,在政府财政实力约束和限制下,地方政府应按照当地经济发展水平基于保障基本生活理念,建立社会化的被征地农民养老保障体系,解决土地保障功能丧失、基本保障和生存等基础性问题。在城市化进程中,地方政府应主动打破城乡二元结构的束缚,利用地方公共财政将被征地农民养老和医疗保险与城市职工养老和医疗保险制度有效地衔接起来,消除被征地农民在市民化中面临着的制度性歧视,消除旧有制度中隐匿着的社会不公平现象,降低其市民化的社会成本和经济成本。第二,地方政府应为被征地拆迁农民提供就业等公共服务,做好就业引导、就业辅导、就业服务等工作,支持被征地拆迁农民主动就业和创业。在被征地拆迁农民失去土地之后,地方政府应支持和鼓励建立一种广泛地社会支持机制,帮助被征地拆迁农民建立以社会资本为纽带的互帮互助机制,拓展被征地拆迁农民的社会网络,推进其社会资本的再创造,增强其获得生存发展机会的内生能力;鼓励当地企业使用被征地拆迁农民,通过再就业来保障被征地拆迁农民市民化的物质生活来源。

---

① 刘建平、杨磊:《中国快速城市化的风险与城市治理转型》,《中国行政管理》2014 年第 4 期。

其次，地方政府应严格地遵循公共性的行为逻辑，通过各种手段帮助农民个体增强城乡社会转型的适应能力，促进社会领域全面发展，建立一个"弹性稳定"的社会结构，做到社会秩序的真正和谐稳定。在失去土地之后，农民市民化是一个复杂的系统工程，除了需要公共服务等政府支持之外，他们还需要增强对社会价值、社会心理以及文化等方面的适应能力。这种社会适应不仅仅是农民个体的问题，也是社会结构变迁中的一个公共性问题，被征地拆迁农民转型困境会加大土地冲突的影响范围，农民会理性地将社会不适应的原因归结为地方政府征地拆迁或者利益补偿不公等问题，由此需要政府发挥相应的职责和功能。第一，地方政府应创新社会治理方式，通过社会工作者结对帮扶，在被征地拆迁农民集中居住社区建立社会工作站，不断增强服务能力，提高被征地拆迁农民的心理适应能力。第二，加强社会风气的引导和规范，引导被征地拆迁农民的社会认知和行为选择，应防止负面社会风气或者群体社会心理的蔓延，引导农民合理地消费征地拆迁补偿款，支持和鼓励他们将这些资金进行合理投资，特别是防止赌博、攀比、不做事等不良社会风气的传播，严厉打击吸毒。从农民到市民身份的转换，意味着传统价值观念、习俗惯例等文化要素的变迁，失地农民的城市文化认同是社会适应能力的重要内容，要不断提升被征地拆迁农民对城市生活习惯和文化的适应能力。

第三节 本章小结

结合对城市化进程中土地冲突演变机理的研究，本章提出了土地冲突治理的宏观机制设计和微观路径选择。土地冲突治理的总目标是使其得到有效的控制，在城市建设和土地经营中约束地方政府行为，建立合理的利益分享机制，降低新增土地冲突的速度和规模；通过构建有效的公共治理机制，阻断土地冲突在社会系统中扩散、蔓延和转变的路径。在土地冲突治理过程中要着重地考虑政府与市场、政府与农民以及政府与社会之间的关系，考虑到现有地方政府治理结构下土地冲突治理面临着的激励和约束条件。基于治理目标以及激励约束机制的分析，本书系统化地提出了土地冲突治理的微观路径，主要包括以下几个方面：明晰政府和市场的边界，发挥市场在城市化和土地资源配置的决定性作用；改善地方政府的激励结构，约束和监督地方政府在城市建设和土地开发中的行为；构建合理的利益分配规则，让农民分享城市化中的土地收益；强化正式治理的协调作用，释放社会系统中土地冲突的压力；政府职能向公共利益回归，促进被征地拆迁农民市民化。

第八章 研究结论与展望

第一节 主要研究结论

本研究的主题是探讨中国城市化进程中土地冲突发生、扩散以及转化等演变过程的一般规律及其治理机制。土地冲突的产权理论解释视角表明，中国城市化进程中土地冲突的发生源于中国农村土地产权制度安排的模糊性，产权分割不利于保护农民的土地权益，也不利于农民参与分享城市化进程中土地的增值收益。通过产权理论来解释中国城市化进程中土地冲突的发生机理具有较强的合理性，这种解释路径揭示了"产权"这个变量在资源配置和收益分配中的作用。然而，土地冲突的产权解释路径仍存在很大的缺陷，它忽视了制度如何才能发挥作用，从而比较静态地构建起"经济制度、利益主体行为与社会冲突"之间的逻辑关系，这种理论框架单一地强调从产权制度变迁来化解中国城市化进程中的土地冲突，却忽视了土地产权变迁面临着的约束条件，它依然是从经济因素的单一层面来解释土地冲突发生原因。不少农村社会学的研究者从乡村治理角度解释了土地冲突发生的根源，揭示了更为中观的"治理"因素来认识土地冲突的重要性。因此，在产权理论解释的基础上，本书从地方政府治理视角来研究中国城市化进程中土地冲突问题：一方面，农村土地产权总是在地方政府治理过程中界定、执行以及进行收益分配，因而地方政府治理中的结构性因素也是诱发土地冲突的重要原因；另一方面，地方政府治理也是土地冲突发生的外部环境和现实场域，透过它可以合理地把握城市化与土地冲突间的内在联系，真实地、动态地揭示土地冲突扩散和转化的社会过程。通过理论构建和来自E市、L市、G开发区以及H新区的实证研究，本研究的主要观点如下：

（1）土地冲突本质是一个政治经济学的概念。城市化进程中土地冲突的发生、扩散以及转化等与经济因素、政府治理因素以及社会因素相关。在土地冲突产权解释框架的基础上，结合地方政府治理这个分析视角，本书进一步结合政府与市场、政府与社会等层面解释了土地冲突演变的一般规律，将诱发土地冲突的政治、经济以及社会等多因素充分地融合起来，紧扣经济利益这个因素，从而形成了一个政治经济学的解释路径。因而，本书将城市化进程中的土地冲突界定为征地拆迁中的农民抗争、土地收益分配的利益冲突以及被征地拆迁农民边缘化和贫困化等经济社会现象。

（2）地方政府具有高度的权力自主性，政府和市场的边界模糊使中国城市化呈现出高度的政府主导特征，地方政府在城市建设和土地经营过程中发挥着决定性作用，也在农村土地产权执行、交易以及收益分配中居于强势地位，无组织化的农民在该过程中则处于弱势地位。首先，地方政府通过城市规划委员会、土地储备委员会等综合性决策机构，强化对整个科层体制内部行政力量的控制和整合，在封闭的系统中制定城市建设和征地拆迁的决策；其次，地方政府通过征地拆迁指挥部、工作专班等临时性执行机构，利用做工作、关系俘获、"签协议"以及适度威胁等手段强制地剥夺农民对农村土地的使用权，这些方式具有极强的"权力支配"逻辑，缺乏市场经济中的平等自愿交易和讨价还价机制；再次，地方政府通过成立各类城市建设投资公司直接进行土地开发，土地经营过程中的市场机制被官僚科层机制所取代，政府力量从土地一级开发延伸到二级开发，控制和垄断了绝大部分土地收益；最后，原子化的农民无力在征地拆迁和收益分配环节与政府对抗，他们缺乏利用土地参与分享城市化收益的能力和权利，不得不接受既定的利益补偿标准。

（3）地方治理中的结构性因素对地方政府行为产生了深远影响，地方政府构建起了中国城市化中独特的"经济增长机制"和"利益分配机制"，最终导致了土地收益分配失衡，这是土地冲突发生的经济根源。一方面，在以 GDP 为主导的经济考核指标下，地方官员晋升锦标赛加剧了地方政府推进城市建设和土地开发等行为，这种制度激励具有持续的作用力，是地方政府经济理性的另一种表现。因此，地方政府不惜通过大拆大建、大兴土木以及土地开发等方式来发展经济，以高投资方式来拉动地方经济增长。另一方面，当地方政府越来越依靠土地出让金来维持财政收支平衡时，直接促成了其从"经营企业"向"经营城市"和"经营土地"的行为转变，这既是一种理性的行为选择，也是一种治理情境下的无奈之举。作为一种预算外收入，土地财政是地方政府"钱袋子"的主要部分；土地金融是维持土地财政的平台和依托，地方政府打造的各类城市建设公司通常以土地资源进行融资和抵押贷款，它是土地财政向其他领域的延伸。在这些结构性激励机制的作用下，地方政府和农民无法实现土地收益分配的目标兼容，地方政府和资本主体等强势分配团体获得了更多的土地收益，处于弱势地位的农民获得了较少的收益，他们还将面临较高的市民化成本和门槛，越来越多的成本被转嫁到被征地拆迁农民等弱势群体身上，土地冲突就在隐匿的经济增长机制和收益分配机制中不断爆发。

（4）土地收益分配不公必然引起农民的抗争，地方政府作为处理社会矛盾和利益冲突的权威性主体，缺乏有效化解土地冲突的治理工具，不得不借助正式规则和非正式规则构建起一整套"策略化治理体系"，策略化治理无法从根本上消解土地冲突，最终导致土地冲突在社会系统中不断酝酿、积累和蔓延。首先，被征地拆迁农民利益受损必然会理性地抗争，处于弱势地位的农民依然拥有反制地方政府的"弱者的武器"，从而对地方政府行为形成一种"硬约束"，迫使其构建起一套独特的治理体系。不合作、上访以及群体抗争是农民利益抗争的主要表现，核心目标就在于迫使地方政府妥协，提高征地拆迁的补偿标准。其次，随着被征地拆迁农民抗争频度越来越高，地方政府不得不构建起一套策略化治理体系，地方政府所采用的治理工具既受到了治理结构的内在制约，也是与农民互动情境中的权宜选择。策略化治理使得地方政府无法面对农民"闹大"和"钉子户"抗争行为，在信访、维稳等压力型体制下，为了降低科层系统中自上而下的行政压力，地方政府不得不更加依靠经济利益俘获等非正式手段来化解土地冲突，权威性的正式治理规则不断遭到扭曲，最终只是形成了社会秩序的刚性稳定，土地冲突的发生频率、强度以及影响范围显著地增加，在社会系统中不断扩散和蔓延。

（5）从长期角度看，在上述独特的经济增长机制、土地收益分配机制以及矛盾纠纷治理机制三大机制作用之下，土地冲突逐渐转化为社会系统中的一种社会风险，这种与土地有关的风险对中国城市化、地方政府治理以及其他各方面都产生了负面影响。在治理实践中，土地风险和土地冲突相互转化，出现不确定性高、危害性大等特征。

（6）在对城市化进程中土地冲突演变机理分析的基础上，本书重新审视了土地冲突治理的宏观目标，认为一方面应当在城市建设和土地经营过程中更好地约束地方政府行为，合理地分配土地收益，切断土地冲突发生的利益根源，减少城市化进程中土地冲突的"增量"；另一方面应建立土地冲突的协调机制，采取措施促使被征地拆迁农民向市民转变，不断减少社会系统中土地冲突的"存量"。在对激励和约束条件分析的前提下，本书认为土地冲突的治理应正确处理好政府与市场、政府与社会以及政府与农民等几组利益关系，应当从以下五个方面来化解土地冲突：第一，明细政府和市场间的边界，地方政府应逐渐从与城市建设和土地经营相关的经济活动中退出，构建一个"强化市场型政府"，充分地尊重和保障农民的土地权益。第二，改善地方政府治理的内在结构，不断完善中央和地方财政收支关系、地方政府及官员的考核机制以及地方政府权力约束和监督机制，规范地方政府在土地产权执行、交易以及利益分配中的行为。第三，构建合理的利益分配规则，让农民分享土地收益。在提高征地拆迁补偿标准的基础上，补偿方式应当遵循保障农民可持续生计原则；对于部分经营性城市建设项目，开发商应当承担起征地拆迁和土地经营的成本，由开发和被征地拆农民直接谈判；允许农民或者集体经济组织自主进行城市建设和入股参与分享土地增值收益红利。第四，强化正式治理的协调作用，重构中国特色的"访务政治"，释放土地冲突的压力。建立包括地方政府、开发商和被征地拆迁农民等多主体在内的沟通协商机制，不断回应被征地拆迁农民在冲突过程中的利益诉求，构筑起治理土地冲突的"安全阀"。第五，政府职能向公共利益回归，构建"强化公共服务型政府"，着力解决被征地拆迁农民养老保险、再就业等问题，促进被征地拆迁农民市民化。

第二节 研究创新点与局限性

本书透过地方政府治理这个视角阐释了城市化进程中土地冲突发生、扩散以及转化等演变过程的内在机理，由此提出了土地冲突治理的政策建议。总结和反思本研究的内容和开展过程，存在着以下几个方面的研究创新点和局限性，为进一步开展研究奠定基础和指明方向。

一 研究的创新点

第一，研究内容和理论视角具有较强的创新性。本书紧扣土地冲突这个主题，充分地考虑到城市化这个重要的大背景，比较清晰地揭示了城市化和土地冲突间的联系，这一点超越了既有研究，既有研究未能实现城市化和土地冲突间的自然融合。本书由此扩展了理论界对土地冲突的界定，将其界定为城市化进程中土地产权执行（征地拆迁）、交易（土地增值）以及利益分配过程中的利益冲突，且注意到了被征地拆迁农民市民化困境带来的各种社会冲突。在此基础上，本书不仅研究城市化进程中的土地冲突发生机理，而是系统地研究它的发生、扩散以及转化等演变过程的一般规律，超越和扩展了原有的研究内容，这有利于全方位地探讨土地冲突的治理机制。在研究视角这一点上，本书在产权理论的制度分析基础上，融入了政府治理这个因素，探讨地方政府治理中的结构性因素和土地冲突间的关系，构建起了土地冲突解释的政治经济学路径；此外，本书也将地方政府治理作为一种外部场域和制度环境，剖析地方政府和农民的互动行为和过程，借此阐述土地冲突的内在演变，研究视角充分地结合了政治学、经济学、公共管理学以及社会学的重要思想，具有学科交叉的理论研究特点，实现了理论研究视角的深入和扩展。

第二，在研究思路上具有较强的创新性。通过引入地方政府治理这个因素，本书通过将其作为一种制度结构和场域环境，由此来展示地方政府和农民在土地产权执行、交易以及收益分配中的利益冲突，透过政府与市场、政府与社会以及政府与农民等几组利益关系解释中国城市化进程中土地冲突演变的一般过程，这是本书分析的明线，即通过一个大的理论框架来解释一个较小的现实问题，做到了"以大析小"。相反，本书在对城市化进程中土地冲突问题分析时，也动态地展示了地方政府权力科层机制的运作过程，透视了现有治理结构下地方政府在城市建设和土地经营中的行为逻辑，找到了化解土地冲突的客观约束条件，这是本书分析的暗线，通过利用对一个小的现实问题分析来透视一个较大的结构性问题，实现了"以小见大"。

第三，研究方法和工具上具有较强的创新性。在既有对城市化进程中土地冲突的研究中，更多地借助制度经济学的产权理论进行理论阐释，或者借助博弈论来剖析既定规则下地方政府和农民间的行为，或者通过面板数据进行抽象推理。本书将人类学和社会学的田野调查方法引入了公共管理学，采用了田野调查法和多案例研究等实证方法，通过对 E 市、L 市、G 开发区以及 H 新区进行长时间的驻点观察研究，一个点一个点地展开田野调查，进行了跨度长达 3 年之多的研究，调查时间累计达到了 4 个月之多，掌握了大量的经验和事实，研究过程中提供和展示了丰富的数据、材料和案例，以"故事线"的方式形象生动地讲述了城市化进程中土地冲突何以发生、扩散和转化，是对纯理论解释和通过数据抽象推理的扩展和补充。

第四，在研究结论上具有较强的创新性。本书认为城市化进程中的土地冲突与中国当下地方政府治理结构不合理具有很大关系，土地冲突的治理不仅要考虑到产权制度的变革，还应该考虑到改善影响地方政府行为的制度结构，包括行为自主性、锦标赛体制、土地财政、压力型体制以及策略化治理等多个方面。由此，本书针对土地冲突治理的政策建议要更为系统化和更具操作性。

二 研究的局限性

本书研究仍具有不少的局限性，它是笔者未来努力的方向。在对城市化进程中土地冲突演变机理进行分析时，地方政府治理这个因素实际上包含着非常多的内容，笔者仅仅抽离了治理结构中的激励机制来分析地方政府行为，虽然考虑到了将该因素也作为一种利益主体互动的场域，理论分析仍需要更加深入和更为具体，需要进一步扩展。本书更多的是采用田野调查中的案例和质性的材料来进行实证研究，仍需结合田野调查的这些区域，通过问卷调查法或者更为详实的微观数据，通过模型设计来定量地研究和揭示土地冲突的演变机理。当然，由于数据的敏感性，这种数据的完全获得具有非常大的困难性。此外，本研究尽管结合了多个学科的知识内容，在对一些具体问题进行分析时难免有不全之处，这些都是未来研究需要解决的现实问题。

此外，笔者在长期的农村田野调查中，还发现了"盼征地""盼拆迁"等现象，农民在征地拆迁中不仅仅是利益受损或者被剥削的对象，他们甚至从征地拆迁中获得了经济利益。这些现象又似乎与本书所研究的土地冲突有矛盾之处，但笔者又常常感觉它们是一个问题的两个方面，却又没有较好地把这些问题连接起来，构建一个更具"价值中立"理论解释框架。批判是学术研究的路径，却要客观地揭示现实世界的真实"奥秘"。当然，追求韦伯意义上的"价值中立"是一个永恒的过程，这是笔者在未来研究中的努力方向。

第三节　未来之路

中国正处于城市化的关键时期，土地冲突在较长时期内都将是政府治理中的一个重大公共问题。随着时间推移和外部情景的不断变化，城市化进程中土地冲突也会呈现出新的特征，学术研究应该更为密切地关注和回应这些新情况，增强对客观现实问题的理论关怀。在对土地冲突发生、扩散以及转变等演变过程进行分析时，试图找到单一影响因素和构建单一的解释框架都是有局限性的，应当意识到多因素的作用，特别是要努力地厘清多因素在土地冲突演变中的内在作用机理及其相互关系。因此，本研究仍需要在研究视角和理论分析方面进行进一步讨论。例如，通过选取一个典型地区，进行更为详细的田野调查，以科学的问卷调查法或者其他方式搜集数据，进而构建起理论解释模型来解释土地冲突演变过程，做到定量研究和定性研究的结合，既保证理论研究的科学性，又保证理论研究的生动性。本书还认为可以转变土地冲突研究的思维路径和对一些重点问题进行深入地讨论：能否借助一些自然科学的研究方法，通过选取大量的土地冲突事件，运用"事件—过程"的分析方法进行追溯，建立一个土地冲突事件分析的案例库，通过大量的案例提炼出影响土地冲突演变的多种因素，从这些影响因素出发综合地研究土地冲突演变的一般过程，探究地方政府在治理土地冲突过程中的"激励—响应"机制，进而详细研究地方政府治理过程对土地冲突演变的影响，讨论土地冲突和地方政府治理是如何相互影响的。

参考文献

中文参考文献

［1］［美］巴泽尔：《产权的经济分析》，格致出版社 2008 年版。

［2］白永秀：《城乡二元结构的中国视角：形成、拓展、路径》，《学术月刊》2012 年第 5 期。

［3］［美］布莱恩·贝利：《比较城市化》，商务印书馆 2009 年版。

［4］蔡继明、程世勇：《地价双向垄断与土地资源配置扭曲》，《经济学动态》2010 年第 11 期。

［5］陈向明：《质性研究：反思与评论》，重庆大学出版社 2008 年版。

［6］陈钊、徐彤：《走向"为和谐而竞争"：晋升锦标赛下的中央和地方治理模式变迁》，《世界经济》2011 年第 9 期。

［7］［美］道格拉斯·C.诺斯：《制度、制度变迁与经济绩效》，杭行译，上海人民出版社 2008 年版。

［8］［美］丹尼尔·W.布罗姆利：《经济利益与经济制度：公共政策的理论基础》，陈郁、郭宇峰等译，上海三联书店 2008 年版。

［9］党均章、王庆华：《地方政府融资平台货款风险分析与思考》，《银行家》2010 年第 4 期。

［10］狄金华：《情境构建与策略表达：信访话语中的国家与农民——兼论政府治理上访的困境》，《中国研究》2014 年第 18 期。

［11］［美］杜赞奇：《文化、权力与国家：1900—1942 年的华北农村》，王福明译，江苏人民出版社 2010 年版。

［12］董海军：《"作为弱者的武器"：农民维权抗争的底层政治》，《社会》2008 年第 4 期。

［13］董海军：《依势博弈：基层社会维权行为的新解释框架》，《社会》2010年第5期。

［14］樊纲：《要素价格体制改革与市场竞争的发展》，《全国商情》2009年第2期。

［15］范瑛：《城市空间批判——从马克思主义到新马克思主义》，《政治经济学评论》2013年第1期。

［16］费孝通：《乡土中国》，人民出版社2008年版。

［17］梅付春：《失地农民合理利益完全补偿问题探析》《农业经济问题（月刊）》2007年第3期。

［18］弗农·亨德森：《中国的城市化：面临的政策问题与选择》，《城市发展研究》2004年第4期。

［19］高聚辉、伍春来：《分税制、土地财政与土地新政》，《中国发展观察》2006年第11期。

［20］［美］盖瑞·J.米勒：《管理困境——科层的政治经济学》，王勇、赵莹等译，上海三联书店2006年版。

［21］公婷、吴木銮：《我国2000—2009年腐败案例研究报告——基于2800余个报道案例的分析》，《社会学研究》2012年第4期。

［22］桂华、陶自祥：《农民土地上访类型及其发生机制探析——基于豫东某县的调查》，《南京农业大学学报》（社会科学版）2011年第12期。

［23］国务院发展研究中心：《中国：推进高效、包容、可持续的城市化》，2014年版。

［24］贺雪峰：《城市化的中国道路》，东方出版社2014年版。

［25］贺雪峰：《地权的逻辑》，中国政法大学出版社2010年版。

［26］贺雪峰：《论利益密集型农村地区的治理——以河南周口市郊农村调研为讨论基础》，《政治学研究》2011年第6期。

［27］侯力：《从"城乡二元结构"到"城市二元结构"及其影响》，《人口学刊》2007年第2期。

［28］胡鞍钢、马伟：《现代中国经济社会转型：从二元结构到四元结构（1949—2009）》，《清华大学学报》（哲学社会科学版）2012年第1期。

［29］华生：《城市化转型与土地陷阱》，东方出版社 2013 年版。

［30］黄宗智：《集权的简约治理——中国以准官员和纠纷解决为主的半正式基层行政》，《开放时代》2008 年第 3 期。

［31］黄艳娥：《城市化进程中城乡利益冲突问题研究》，《湖南社会科学》2010 年第 1 期。

［32］［美］吉尔伯特·罗兹曼：《中国的现代化》，江苏人民出版社 2010 年版。

［33］蒋省三、刘守英：《土地资本化与农村工业化——广东省佛山市南海经济发展调查》，《管理世界》2003 年第 11 期。

［34］［美］杰克·奈特：《制度与社会冲突》，周伟林译，上海人民出版社 2009 年版。

［35］金观涛：《开放中的变迁：再论中国社会超稳定结果》，法律出版社 2011 年版。

［36］晋洪涛、史清华、俞宁：《谈判权、程序公平与征地制度改革》，《中国农村经济》2011 年第 12 期。

［37］柯华庆：《法律经济学视野下的农村土地产权》，《法学杂志》2010 年第 9 期。

［38］［美］科塞：《社会冲突的功能》，孙立平等译，华夏出版社 1989 年版。

［39］匡远配：《我国城乡居民收入差距——基于要素收入流的一个解释》，《农业经济问题》2013 年第 2 期。

［40］［英］拉尔夫·达仁道夫：《现代社会冲突》，林荣远译，中国社会科学出版社 2000 年版。

［41］［美］里奥尼德·赫维茨、斯坦利·瑞特：《经济机制设计》，田国强译，上海人民出版社 2009 年版。

［42］李飞、杜云素：《"弃地"进城到"带地"进程：农民城市化的思考》，《中国农村观察》2013 年第 6 期。

［43］李汉林、魏钦恭等：《社会变迁过程中的结构紧张》，《中国社会科学》2010 年第 2 期。

［44］李红波：《诱发农村土地冲突的土地法规缺陷探析》，《经济体

制改革》2007 年第 1 期。

［45］李菁、颜丹丽：《集体成员权和土地承包收益权的冲突与协调》，《中国农村观察》2011 年第 2 期。

［46］李强、陈宇琳等：《中国城市化"推进模式"研究》，《中国社会科学》2012 年第 7 期。

［47］李学：《城乡二元结构问题的制度分析与对策反思》，《公共管理学报》2006 年第 4 期。

［48］李云新：《制度模糊下中国城市化进程中的社会冲突》，《中国人口资源与环境》2014 年第 6 期。

［49］李云新：《中国城镇化进程中社会冲突发生机理与过程分析》，《中国人口资源与环境》2015 年第 1 期。

［50］刘佳、吴建南、马亮：《地方政府官员晋升与土地财政——基于中国地市级面板数据的实证分析》，《公共管理学报》2012 年第 2 期。

［51］刘建平、李云新：《快速城市化进程中的城乡冲突及其成因探析》，《理论月刊》2011 年第 12 期。

［52］刘建平：《农地非农化中利益冲突的类型及发生机理探析——基于 L 开发区的田野调查》，《华中科技大学学报》（社会科学版）2014 年第 1 期。

［53］刘建平：《中国城市基层治理变迁：困境与出路——构建一种"嵌合式治理"机制》，《学习与实践》2014 年第 1 期。

［54］刘建平：《中国快速城市化的风险与城市治理转型》，《中国行政管理》2014 年第 4 期。

［55］刘守英：《集体土地资本化与农村城市化——北京市郑各庄村调查》，《北京大学学报》（哲学社会科学版）2009 年第 6 期。

［56］刘祖云、陈明：《从"土地冲突"到"土地风险"——中国农村土地问题研究的理论进路》，《中国土地科学》2012 年第 8 期。

［57］刘正强：《重建信访政治——超越国家"访"务困境的一种思路》，《开放时代》2015 年第 1 期。

［58］吕德文：《钉子户与"维权话语"的局限》，《文化纵横》2013 年第 3 期。

［59］吕新雨：《乡村与革命——中国新自由主义批判三书》，华东师范大学出版社 2013 年版。

［60］吕炜、许宏伟：《土地财政的经济影响及其后续风险应对》，《经济社会体制比较》2012 年第 6 期。

［61］陆大道、姚士谋、刘慧等：《2006 年中国区域发展报告——城市化进程及空间扩张》，商务印书馆 2007 年版。

［62］卢洪友，袁光平等：《土地财政根源："竞争冲动"还是"无奈之举"？——来自中国地级市的经营证据》，《经济社会体制比较》2011 年第 1 期。

［63］罗伯特·C. 埃里克森：《复杂地权的代价：以中国的两个制度为例》，《清华法学》2012 年第 1 期。

［64］马良灿：《地权是一束权力关系》，《中国农村观察》2009 年第 2 期。

［65］［美］曼瑟·奥尔森：《权力与繁荣》，苏长和译，上海人民出版社 2007 年版。

［66］［美］曼瑟·奥尔森：《国家的兴衰：经济增长、滞胀和社会僵化》，上海人民出版社 2007 年版。

［67］倪星、原超：《地方政府的运动式治理是如何走向"常规化"的？——基于 S 市市监局"清无"专项行动的分析》，《公共行政评论》2014 年第 2 期。

［68］欧阳静：《策略主义：桔镇运作的逻辑》，中国政法大学出版社 2011 年版。

［69］欧阳静：《压力型体制与乡镇的策略主义逻辑》，《经济社会体制比较》2011 年第 3 期。

［70］裴宜理：《底层社会与抗争性政治》，《东南学术》2008 年第 3 期。

［71］彭小兵、谭亚：《城市拆迁中的利益冲突与公共利益界定——方法与路径》，《公共管理学报》2009 年第 2 期。

［72］［法］皮埃乐·布迪厄：《实践与反思：反思社会学导引》，李猛、李康译，中央编译出版社 1998 年版。

［73］［日］青木昌彦：《比较制度分析》，上海远东出版社 2001 年版。

［74］钱忠好、曲福田：《中国土地征用制度：反思与改革》，《中国土地科学》2004 年第 10 期。

［75］曲福田、肖屹等：《土地征用中农民土地权益受损程度研究——以江苏省为例》，《农业经济问题》2008 年第 3 期。

［76］渠敬东、周飞舟、童星：《从总体支配到技术治理——基于中国 30 年改革经验的社会学分析》，《中国社会科学》2009 年第 11 期。

［77］冉冉：《"压力型体制"下的政治激励与地方环境治理》，《经济社会体制比较》2013 年第 3 期。

［78］饶静、叶敬等：《"要挟型上访"——底层政治逻辑下的农民上访分析框架》，《中国农村观察》2011 年第 3 期。

［79］荣敬本：《从压力型体制向民主合作体制的转变》，中央编译出版社 1998 年版。

［80］荣敬本：《变"零和博弈"为"双赢机制"——如何改变压力型体制》，《人民论坛》2009 年第 1 期。

［81］［美］塞缪尔·亨廷顿：《变化社会中的政治秩序》，上海世界出版集团 2011 年版。

［82］沈坤荣、付文林：《中国的财政分权制度与地区经济增长》，《管理世界》2005 年第 1 期。

［83］孙立平、郭于华：《"软硬皆施"：正式权力非正式运作的过程分析——华北 B 镇收粮的个案研究》，清华社会学评论特辑。

［84］孙立平：《重建社会：转型社会的秩序再造》，社会科学文献出版社 2009 年版。

［85］孙立平：《断裂：20 世纪 90 年代以来的中国社会作》，社会科学文献出版社 2003 年版。

［86］谭术魁：《中国土地冲突的概念、特征与触发因素研究》，《中国土地科学》2007 年第 4 期。

［87］谭术魁：《中国频繁暴发土地冲突事件的原因探究》，《中国土地科学》2009 年第 6 期。

［88］［瑞典］汤姆·R.伯恩斯：《经济与社会变迁的结构化：行动者、制度与环境》，社会科学文献出版社 2010 年版。

［89］唐根年等：《中国农民市民化经济门槛与城市化关系研究：理论与实证》，《经济地理》2006 年第 1 期。

［90］田先红：《从维权到谋利——农民上访行为逻辑变迁的一个解释框架》，《开放时代》2010 年第 6 期。

［91］田先红：《当前农村谋利型上访凸显的原因及对策分析——基于湖北省江华市桥镇的调查研究》，《华中科技大学学报》（人文社会科学版）2010 年第 6 期。

［92］汪晖、黄祖辉：《公共利益、征地范围与公平补偿——从两个土地投机案例谈起》，《经济学（季刊）》2004 年第 4 期。

［93］王剑锋、孙琦：《内生性土地财政扩张与产业结构失衡》，《公共管理与政策评论》2014 年第 1 期。

［94］王媛：《我国地方政府经营城市的战略转变》，《经济学家》2013 年第 11 期。

［95］［德］韦伯：《民族国家与经济政策》，生活·读书·新知三联书店 1997 年版。

［96］魏小强、刘同君：《利益平衡、规范协调与社会纠纷的解决——以一起城乡居民之间的冲突事件为例》，《法学杂志》2012 年第 11 期。

［97］文贯中：《市场畸形发育、社会冲突与现行的土地制度》，《经济社会体制比较（双月刊）》2008 年第 2 期。

［98］文贯中：《吾民无地：城市化、土地制度与户籍制度的内在逻辑》，东方出版社 2014 年版。

［99］文军、黄锐：《超越结构与行动：论农民市民化的困境及其出路》，《吉林大学社会科学学报》2011 年第 3 期。

［100］［英］希尔弗曼：《如何做质性研究》，李雪、张劼颖译，重庆大学出版社 2009 年版。

［101］肖屹、钱忠好：《交易费用、产权公共域与农地征用中农民土地权益侵害》，《农业经济问题》2005 年第 9 期。

［102］谢小芹：《半正式治理及其后果——基于纠纷调解及拆迁公

参与的半正式行政分析》,《西北农林科技大学学报》(社会科学版) 2014 年第 5 期。

[103] 薛翠翠、冯广京等:《城市化建设资金规模及土地财政改革——新型城市化背景下土地财政代偿机制研究评述》,《中国土地科学》 2013 年第 11 期。

[104] 徐勇:《"接点政治":农村群体性事件的县域分析》,《华中师范大学学报》(人文社会科学版) 2009 年第 11 期。

[105] [匈牙利] 亚诺什·科尔奈:《短缺的经济学》,张晓光、李振宁等译,经济出版社 1986 年版。

[106] 叶剑平、田晨光:《中国农村土地权利状况:合约结构、制度变迁与政策优化——基于中国 17 省 1965 位农民的调查数据分析》,《华中师范大学学报》(社会科学版) 2013 年第 1 期。

[107] 杨华:《"政府兜底":当前农村社会冲突管理中的现象与逻辑》,《公共管理学报》2014 年第 2 期。

[108] 《"混合地区"的制度分析及其实践逻辑——以 Z 村民小组为例》,《社会》2015 年第 2 期。

[109] 《权力边界模糊与策略化治理:土地冲突演变机理研究——基于 G 开发区和 L 县的田野调查》,《公共管理学报》2014 年第 4 期。

[110] 杨雪冬:《市场发育、社会生长与公共权力构建:以县为分析单位》,河南人民出版社 2002 年版。

[111] 易成非、姜福洋:《潜规则与明规则在中国场景下的共生——基于非法拆迁的经验研究》,《公共管理学报》2014 年第 4 期。

[112] 应星:《草根动员与农民群体利益的表达机制——四个个案的比较研究》,《社会学研究》2007 年第 2 期。

[113] 于建嵘:《利益博弈与抗争政治——当代中国社会冲突的政治社会学理解》,《中国农业大学学报》(社会科学版) 2009 年第 3 期。

[114] 于建嵘:《新型城市化:权力驱动还是权利主导》,《探索与争鸣》2013 年第 9 期。

[115] 于建嵘:《农民维权与底层政治》,《东南学术》2008 年第 3 期。

[116] 于建嵘:《从刚性稳定到韧性稳定——关于中国社会秩序的一个分析框架》,《学习与探索》2009 年第 5 期。

[117] 于建嵘:《抗争性政治:中国政治社会学基本命题》,人民出版社 2010 年版。

[118] 于华江、吴君茂:《论农地征用程序与农民权益保护——从一个案例说起》,《中国农业大学学报》(社会科学版) 2004 年第 4 期。

[119] 邹秀清、钟骁勇:《征地冲突中地方政府、中央政府和农户行为的动态博弈分析》,《中国土地科学》2012 年第 2 期。

[120] 赵阳:《共有与私用——中国农地产权制度的经济学分析》,生活·读书·新知三联书店 2007 年版。

[121] [美] 詹姆斯·C. 斯科特:《弱者的武器》,郑广怀、张敏等译,译林出版社 2012 年版。

[122] 臧得顺:《臧村关系地权的实践逻辑——一个地权研究分析框架的构建》,《社会学研究》2012 年第 5 期。

[123] 赵杰:《权力、土地及其他——当代中国土地增值流动及政治权力运行》,《理论界》2012 年第 3 期。

[124] 赵树凯:《地方政府公司化:体制优势还是劣势?》,《文化纵横》2012 年第 4 期。

[125] 赵晓峰、张红:《从"嵌入式控制"到"脱嵌化治理"——迈向"服务型政府"的乡镇政权运作逻辑》,《学习与实践》2012 年第 11 期。

[126] 张安录:《农用地使用权征用中的行政补偿制度研究》,《农村经济》2010 年第 5 期。

[127] 张春雨:《基于公民权利理念的农民社会保障及"土地换社保"问题分析》,《兰州学刊》2009 年第 5 期。

[128] 张静:《土地使用规则的不确定:一个解释框架》,《中国社会科学》2003 年第 1 期。

[129] 张军:《中国经济发展:为增长而竞争》,《世界经济文汇》2005 年第 4 期。

[130] 张良悦、师博等:《城市化进程中农地非农化的政府驱动——

基于中国地级以上城市面板数据的分析》，《当代经济科学》2008 年第 5 期。

［131］张期陈、胡志平：《征地议价：政府与市场的和谐构建》，《财经科学》2010 年第 5 期。

［132］张学昆、朱诚：《收入分配、产权保护与社会冲突：现代经济学视角下的冲突管理与和谐社会构建》，《浙江大学学报》（人文社会科学版）2014 年第 4 期。

［133］张小军：《象征地权与文化经济——福建阳村的历史地权个案研究》，《中国社会科学》2004 年第 3 期。

［134］张玉林、大清场：《中国的圈地运动与英国的比较》，《中国农业大学学报》（社会科学版）2015 年第 1 期。

［135］张换兆、郝寿义：《制度租、土地增值收益与政府行为》，《制度经济学研究》2008 年第 2 期。

［136］郑永年：《中国地方政府行为的联邦制》，东方出版社 2013 年版。

［137］周诚：《关于我国农地转非自然增值分配理论的新思考》，《农业经济问题》2007 年第 12 期。

［138］周飞、陈德鍪：《农村拆迁中基于村民和政府利益均衡的政府定价探索》，《经济研究导刊》2008 年第 15 期。

［139］周飞舟：《锦标赛体制》，《社会学研究》2009 年第 3 期。

［140］周飞舟：《生财有道：土地开发和转让中的政府和农民》，《社会》2007 年第 1 期。

［141］周飞舟：《大兴土木：土地财政与地方政府行为》，《经济社会体制比较》2010 年第 3 期。

［142］周黎安：《转型中的地方政府：官员激励与治理》，格致出版社 2009 年版。

［143］周黎安：《中国地方官员的晋升锦标赛模式研究》，《经济研究》2007 年第 7 期。

［144］周其仁：《农地产权与征地制度——中国城市化面临的重大选择》，《经济学（季刊）》2004 年第 10 期。

［145］周雪光:《"关系产权":产权制度的一个社会学解释》,《社会学研究》2005 年第 2 期。

［146］祝天智:《边界模糊的灰色博弈与征地冲突的治理困境》,《经济社会体制比较》2014 年第 2 期。

［147］左翔、殷醒民:《土地一级市场垄断与地方公共品供给》,《经济学（季刊）》2013 年第 1 期。

英文参考文献

［1］Acemoglu D., Why not a political Coase theorem? Social conflict, commitment, and politics. Journal of comparative economics, 2003, 31 (4): 620-652.

［2］Alston L. J., Libecap G. D., Mueller B. Land. reform policies, the sources of violent conflict, and implications for deforestation in the Brazilian Amazon. Journal of environmental economics and management, 2000, 39 (2): 162-188.

［3］Atwood D. A., Land registration in Africa: the impact on agricultural production. World development, 1990, 18 (5): 659-671.

［4］Babette Wehrmann. Cadastre in Itself Won't Solve the Problem: The Role of Institutional Change and Psychological Motivations in LandConflicts—Cases from Africa. http://www.fig.net/pub/monthly_articles/march_2006/wehrman_march_2006.pdf, 2006-03-16/2007-07-04.

［5］Baranyi S., Weitzner V. Transforming land-related conflict: Policy, practice and possibilities. North-South Institute = L'Institut Nord-Sud, 2006.

［6］Berry S., Property, authority and citizenship: land claims, politics and the dynamics of social division in West Africa. Development and Change, 2009, 40 (1): 23-45.

［7］Bishnu R., Upreti. Conflict management in natural resources: a study of land, water and forest conflicts in Nepal. Wageningen Universiteit, 2001.

［8］Binswanger H. P., Deininger K. Explaining agricultural and agrarian policies in developing countries. Journal of Economic Literature, 1997: 1958-2005.

[9] Bob U., Land-related conflicts in sub-Saharan Africa. African Journal on Conflict Resolution, 2010, 10 (2): 49-64.

[10] Borras Jr S., The underlying assumptions, theory, and practice of neoliberal land policies. Promised land: Competing visions of agrarian reform, 2006: 99-128.

[11] Borras S. M., Questioning market-led agrarian reform: Experiences from Brazil, Colombia and South Africa. Journal of Agrarian Change, 2003, 3 (3): 367-394.

[12] Borras Jr S., Can redistributive reform be achieved via market-based voluntary land transfer schemes? Evidence and lessons from the Philippines. The Journal of Development Studies, 2005, 41 (1): 90-134.

[13] Borras Jr S. M., Carranza D, Franco J C. Anti-poverty or Anti-poor? The World Bank's market-led agrarian reform experiment in the Philippines. Third World Quarterly, 2007, 28 (8): 1557-1576.

[14] Chen Z., Sun Y., Newman A., et al., Entrepreneurs, organizational members, political participation and preferential treatment: Evidence from China. International Small Business Journal, 2011 (3): 1-17.

[15] Cheung S. N. S., Transaction costs, risk aversion, and the choice of contractual arrangements. JL & Econ., 1969: 12-23.

[16] Chung J. H., LAM T., China's "City System" in Flux: Explaining Post-Mao Administrative Changes. The ChinaQuarterly, 2004 (180): 945-964.

[17] Ciamarra U. State-led and market-assisted land reforms: history, theory, and insight from the Philippines [C] //Leuven: 8th Spring Meeting of Young Economists. www.econ.kuleuven.be/smye/abstracts/p435.pdf. 2003.

[18] Coase R. H., Problem of social cost, the. JL & econ., 1960, 3: 1.

[19] Daniels T. L., The purchase of development rights: preserving agri-

cultural land and open space. Journal of the American Planning Association, 1991, 57 (4): 421-431.

[20] Danner J. C. , TDRs-Great idea but questionable value. Appraisal Journal, 1997, 65: 133-142.

[21] Deininger K., Jin S. , Securing property rights in transition: Lessons from implementation of China's rural land contracting law. Journal of Economic Behavior & Organization, 2009, 70 (1): 22-38.

[22] Deininger K. , Negotiated land reform as one way of land access: experiences from Colombia, Brazil and South Africa. Access to land, rural poverty, and public action, 2001: 315-348.

[23] Deininger K., Zegarra E., Lavadenz I. , Determinants and impacts of rural land market activity: evidence from Nicaragua. World Development, 2003, 31 (8): 1385-1404.

[24] Demsetz H. , Toward a theory of property rights. American Economics Review, 1967, 57: 347-359.

[25] Fitzpatrick D., Evolution and chaos in property rights systems: The third world tragedy of contested access.The Yale Law Journal, 2006: 996-1048.

[26] Fortin E. , Reforming land rights: The World Bank and the globalization of agriculture. Social & Legal Studies, 2005, 14 (2): 147-177.

[27] Francis P. , Land nationalisation and rural land tenure in southwest Nigeria. International Livestock Centre for Africa, 1986.

[28] George C. S. , Lin and Samuel P. S. Ho. , The state, land system, and land development processes in contemporary China. Annals of the Association of American Geographers, 2005, 95 (2): 411-436.

[29] Guo X. , Land expropriation and rural conflicts in China. The China Quarterly, 2001, 166: 422-439.

[30] He S., Liu Y., Webster C., et al. , Property rights redistribution, entitlement failure and the impoverishment of landless farmers in China. Urban studies, 2009, 46 (9): 1925-1949.

[31] Holmstrom B. and P. Milgrom, Multitask Principal-agent Analysis:

Incentive Contracts, Asset Ownership, and Job Design. Journal of Law, Economics, and Organization, 1991 (7): 24-51.

[32] Hsing You-tien, The great urban transformation: politics of Land and property in China. Oxford: Oxford University Press, 2012.

[33] Hui E. C. M., Bao H., The logic behind conflicts in land acquisitions in contemporary China: A framework based upon game theory. Land Use Policy, 2013, 30 (1): 373-380.

[34] Immanuel Wallerstein, The Modern World-System V.1: Capitalist Agriculture and the Origins of the European World-Economy in the Sixteenth Century. Academic Press, 1976.

[35] International Land Coalition. Land-related Conflicts. Policy Brief International Conference on Agrarian Reform and Rural Development. http://www.nsi-ins.ca/english/pdf/ev06icArrd_pb_con-flict.pdf, 2006-03-10/2007-07-04.

[36] Jacobs P., Lahiff E, Hall R. Evaluating land and agrarian reform in South Africa. PLAAS Occasional Paper Series, University of Western Cape, 2003.

[37] James kai-Kung, Common property rights and land reallocations in rural China: Evidence from a village survey. World Development, 2000, 28 (4): 701-719.

[38] Jean C. Oi, The Role of the Local State in China's Transitional Economy. The China Quarterly, 1995, 144: 1132-1149.

[39] John C. Bergstrom, Goetz S. J, Shortle J. S., Land use problems and conflicts: causes, consequences and solutions. Routledge, 2013.

[40] John Friedmnn, Four theses in the study of China's urbanization. International Journal of Urban and Regional Research, 2006 (2): 440-451.

[41] Kagwanji P., Ethnicity, land and conflict in Africa: The cases of Kenya, Uganda, Tanzania and Rwanda. Nairobi, Africa Policy Institute Working Paper Series, 2009.

[42] Kevin J., O'Brien, Lianjiang Li., Rightful Resistance in Rural China. Cambridge University Press, 2006: 1-10.

[43] Kriedte P., Peasants, Landlords and Merchant Capitalists, Europeand the World Economy, 1500—1800. Leamington: BERG PRBLISHERS LTD., 1983.

[44] Lahiff E., Borras Jr. S. M., Kay C., Market-led agrarian reform: policies, performance and prospects. Third World Quarterly, 2007, 28 (8): 1417-1436.

[45] Lazear E. P., ROSEN S. Rank – Order Tournaments as Optimum Labor Contracts. The Journal of Political Economy, 1981, 89 (5): 841-864.

[46] Lanchih Po. Property Rights Reforms and Changing Grassroots Governance in China's Urban – Rural Peripheries: The Case of Changping District in Beijing. Urban Studies, 2011 (10): 509-528.

[47] Liu R., Wong T. C., Liu S., Peasants' counterplots against the state monopoly of the rural urbanization process: urban villages and "small property housing" in Beijing, China. Environment and Planning-Part A, 2012, 44 (5): 1219.

[48] Loren Brandt, Scott Rozelle and Matthew A. Turner. Local Goverment Behavior and Property Rights Formation in Rural China. Journal of Institutional and Theoretical Economics, 2004 (160): 627.

[49] Mann C., Jeanneaux P., Two approaches for understanding land-use conflict to improve rural planning and management. Journal of Rural and Community Development, 2009, 4 (1): 118-141.

[50] Moote M. A., McClaran M. P., Viewpoint: Implications of participatory democracy for public land planning. Journal of Range Management, 1997: 473-481.

[51] Ntsebeza, Lungisile and Ruth Hall (eds.), The Land Question in South Africa: the challenge of transformation and redistribution. HSRC Press, 2007.

[52] Ocheje P. D., "In the Public Interest": Forced Evictions, Land

Rights and Human Development in Africa. Journal of African Law, 2007: 173-214.

[53] Peter Ho, Who Owns China's Land? . The China Quarterly, 2008 (166): 394-421.

[54] Peter, Evans, Embedded Autonomy: States and Industrial Transformation, Princeton University Press, 1995: 13-14.

[55] Po L., Property Rights Reforms and Changing Grassroots Governance in China's Urban—Rural Peripheries: The Case of Changping District in Beijing. Urban Studies, 2011, 48 (3): 509-528.

[56] Ramirez R., Land Conflict Resolution in Land Tenure Regularization Process. A State of Art Paper. Consultancy Report, FAO, 2001: 11-35.

[57] Rodefeld R. D., Change in rural America: causes, consequences, and alternatives. The C. V. Mosby Company, 1983.

[58] Scott Rozelle and Guo Li., Village Leaders and Land-Rights Formation in China. The American Economic Review, 2004, 88 (2): 433-438.

[59] Shearer E. B., Lastarria-Cornhiel S, Mesbah D, et al. The reform of rural land markets in Latin America and the Caribbean: research, theory, and policy implications. Land Tenure Center, University of Wisconsin - Madison, 1990.

[60] Simmons C. S., The political economy of land conflict in the Eastern Brazilian Amazon. Annals of the Association of American Geographers, 2004, 94 (1): 183-206.

[61] Sjaastad E., Cousins B., Formalisation of land rights in the South: An overview. Land use policy, 2009, 26 (1): 1-9.

[62] Su F., Tao R., Wang H., State Fragmentation and Rights Contestation: Rural Land Development Rights in China. China & World Economy, 2013, 21 (4): 36-55.

[63] Tique C., Rural land markets in Mozambique, its impact on land conflicts. Unpublished document, 2001.

[64] Toulmin C., Securing land and property rights in sub-Saharan Afri-

ca: the role of local institutions. Land Use Policy, 2009, 26 (1): 10-19.

[65] Veter Nee. A Theory of Market Transition: From Redistribution to Markets in State Socialism. American Sociological Review, 1989, 54 (5): 663-668.

[66] Victor Lee, Organizational Dynamics of Market Transition: Hybrid Forms, Property Rights and Mixed Economy in China. Administrative Science Quarterly, 1992 (37): 1-27.

[67] Wang Y. P. , Wang Y. , Wu J. , Urbanization and informal development in China: urban villages in Shenzhen. International Journal of Urban and Regional Research, 2009, 33 (4): 957-973.

[68] Wen G. J. , The Land Tenure System and its Saving and Investment Mechanism: The Case of Modern China. Asian Economic Journal, 1995, 9 (3): 233-260.

[69] Whiting S. , Values in land: fiscal pressures, land disputes and justice claims in rural and peri-urban China. Urban Studies, 2011, 48 (3): 569-587.

[70] Wu F. , Land development, inequality and urban villages in China. International Journal of Urban and regional research, 2009, 33 (4): 885-889.

[71] Yang X. , Rice R. An equilibrium model endogenizing the emergence of a dual structure between the urban and rural sectors. Journal of Urban Economics, 1994, 35 (3): 346-368.

[72] Yep R., Fong C. Land conflicts, rural finance and capacity of the Chinese state. Public Administration and Development, 2009, 29 (1): 69-78.

[73] Zhu J. , From land use right to land development right: institutional change in China's urban development. Urban Studies, 2004, 41 (7): 1249-1267.

附录1 田野调查和访谈提纲1

（G开发区调查提纲与此大体相同）

一 调查背景

城市化是中国现代化进程中的重要战略任务，为经济社会的发展提供了新机遇，资源非农化提高了整个国家的国民财富，但由于资源要素流动性增强和利益分配机制不健全等原因，城市化进程中的经济利益冲突迅速增多，越来越成为我国经济社会发展中的重大问题。因此，因城市化引发土地冲突、拆迁冲突等经济利益冲突愈演愈烈。党的十八大明确提出推进新型城市化战略，提高我国城市化的质量。因此，反思和研究我国城市化进程中的矛盾和冲突，创新城市社会管理体制机制，具有很重要的意义。

二 调查内容及方法

（1）城市化进程中的经济利益冲突，特别是土地、拆迁等冲突的产生原因。本次调研主要集中在土地征用、城市拆迁过程中的利益冲突。

（2）调研思路：经济利益冲突形成机理主要应该包括四个方面：诱发因素、制度调节、结构性特征和治理机制四个部分。因此，调研过程中，最为关键的是提取关键因素，找到诱发经济利益冲突的关键词。第二步就是要特别注意利益冲突的制度调节机制，不同利益主体的核心利益。第三步，经济利益冲突发生的结构性特征，当地的社会结构以及社会环境等。第四，经济利益冲突治理的主要机制和手段，解释冲突为何不断积累。

（3）调查的主要策略。选择一个土地征用村和一个城郊拆迁点进行深入研究（地点选择L市DT街道办事处），同时通过该街道办事处的上访信息梳理出主要社会问题，将问题和地点结合起来，找到冲突发生的时空所在，最后进行深入研究。

（4）调研部门选择。主要采用访谈法。主要访谈街道、信访、国土、城建、拆迁等政府部门，以及被征地拆迁地区的农民。

三　调查具体安排

1. DT街道办事处

主要了解DT办事处近5年来，主要的土地征收地块、农村房屋拆迁及城市建设项目。(1)土地征收方面，了解征收范围（村组、涉及多少户、多少人口）、征收面积、征收程序、补偿标准；房屋拆迁主要了解补偿还建标准；重点了解土地征收和房屋拆迁过程中的主要矛盾，是否发生了土地上访、拆迁上访等问题，土地征用后，失地农民的安置、就业、养老等问题。(2)信访维稳（综合治理）问题。(3)失地农民的社会管理问题。DT办事处大约有多少失地农民，现在主要从事什么职业，失地农民的社会保障问题如何解决。(4)城市建设项目情况。

2. 国土局

(1)主要了解土地征用和土地交易问题，近5年来，L市土地征用和交易面积，主要涉及哪些区域，比较大的几个土地征用和交易地块有哪些？占了多少？补了多少？是否有补偿款不到位等情况？征地补偿标准是如何确定的，征地补偿标准和土地交易资金之间的差额有多大。(2)国土局在土地征用中扮演着什么角色，土地补偿标准、安置办法如何制定。土地需求如何确定，土地征用是否会听取土地使用者的意见。土地有偿使用费、新增建设用地土地有偿使用费、土地管理费等土地费用如何提取。(3)当前，土地征收过程中主要的矛盾有哪些？土地纠纷主要集中在哪些方面？征地类土地纠纷的主要原因。

3. 规划局、住建局、拆迁办

(1)L市的城市规划、城市建设和土地利用总体规划。(2)L市近5年来主要的城市建设项目，主要是涉及土地征用和房屋拆迁方面的(3)交通设施建设涉及的土地征用问题，主要集中在哪些区域、征用面积、征用补偿标准等，和房地产开发类土地征用的补偿有何不同。(4)城市拆迁等城市项目主要的纠纷集中在哪些方面，主要涉及哪些利益主体，利益相关者的利益如何协调（拆迁办）。（5）土地级别和基准地价是如何确定的，拆迁补偿过程中的纠纷如何处理。

4. 信访局、综治办和维稳办

（1）城镇发展给信访、维稳、综治带来了哪些压力？主要采取了哪些措施和制度创新来化解矛盾和冲突？（2）近五年来，因土地征用和拆迁发生的信访事项的基本情况，发生了多少起，个访多少、群访多少，到州、赴省、进京的有多少？（3）缠访和闹访的主要处理措施有哪些？因土地、拆迁等问题引发的上访，与其他类型的上访事项有何不同？（4）城镇发展给社会治安的综合治理和社会稳定带来了什么压力，矛盾和纠纷主要集中在哪几个方面，有哪些突出的治安问题。

5. 人社局、就业局

（1）近年来，失地农民社会保障（低保等民政工作）的基本情况，失地农民、城市无业居民的就业创业和民生保障工作，岗位供给和劳动培训等情况。（2）近五年来，L市的再就业、就业培训工作情况，是否针对失地农民、无业居民等开展了专门的就业服务工作。

6. 进入 MQ、ZM、DK 等村进行访谈

调查成员分别进入上述三个村进行驻点观察，了解当地征地拆迁诱发的群体性事件，对因征地拆迁问题上访的农民进行深度访谈，对基层政府征地拆迁行为进行观察，从微观角度了解征地拆迁中的利益冲突。

四 调查时间安排

调研时间初步定为：7月12—27日，7月12—15日为对各部门进行调查；7月16—27日两天为进村入户访谈调研，主要选择在DT办事处所在村组。

附录2　田野调查和访谈提纲2

（该提纲在 H 新区调查时使用）

一　H 新区整体规划和建设

本部分目的在于了解在现有地方治理结构下新区规划和建设的运行机制，特别是一些具体的治理技术在新区建设中发挥的作用，由此可以界定地方政府在资源要素整合中的角色及何以可为。

（1）原 H 旅游度假区、H 新区的基本情况；规划范围、具体内容和核心构件。

（2）H 新区在建和规划的项目数量、类型、建设主体、投资金额以及土地需求。

（3）对旧有圈地不动、项目无进展（23 个项目）处理的情况。

（4）H 新区投资公司的基本情况（有关该公司介绍的资料），它在新区建设中发挥着什么样的作用。

（5）工作专班以及项目包保制度的运作方式、工作内容以及奖惩机制。

二　征地拆迁中及其利益纠纷和矛盾

本部分目的在于了解地方政府在资源要素整合中如何分配收益，以及在现有的治理结构下地方政府是如何来化解利益分配中的冲突和社会矛盾的，结合制度分析和结构分析，可以界定利益冲突双方的行为逻辑和利益冲突的演变过程。

（1）今年需要完成的征地面积和拆除的房屋数量，由谁来负责征地和拆迁。

（2）征地拆迁办公室的工作职责、运行机制。

（3）不同用地类型的土地出让金。

（4）征地补偿标准及补偿方式、房屋拆除补偿方式以及宅基地处置方式。

（5）土地补偿款分配方式以及村组提留情况。

（6）征地拆迁工作面临的主要问题（纠纷和矛盾）。

（7）政府一般采取哪些方式来解决这些纠纷和矛盾（信访和维稳）。

（8）土地上访及征地拆迁中的"钉子户"问题（近几年来土地上访的数量）。

三 失地农民再就业与市民化情况

本部分目的为了解失地农民在社会结构变迁和利益关系变动过程中如何融入城市生活之中，一方面要了解现有政策在失地农民市民化中起到的作用和不足，由此进一步揭示利益冲突的发生机理；另一方面，要了解地方政府在化解利益冲突和社会矛盾中的治理工具创新，特别是要了解这些治理工具的创新在化解利益冲突和矛盾中的作用，从而更为全面地界定治理变革的原则、层次以及逻辑。

（1）城市建设PPP模式运行情况。

（2）市民公司运营情况。

（3）土地入股分享收益情况。

（4）失地农民养老保险金。

（5）再就业培训情况。

四 入村访谈

调查组成员进入村组进行为期10天左右的访谈，包括村组干部和被征地拆迁农民等对象。

附录3　调查问卷

尊敬的各位朋友：

您好！首先对您抽空回答这份调查问卷表示真诚的谢意！

我们是华中科技大学公共管理学院的调研小组，本问卷主题是土地冲突治理与失地农民服务机制创新，您的意见将为我们课题研究和有关部门的政策制定提供重要帮助。本次调查将采用无记名的方式，充分保护您的个人隐私权，请您放心并客观回答。

能得到您的回答，我们深感荣幸！

第一部分：基本信息

一、您的性别：_____

1. 男　2. 女

二、您的年龄：_____

1. 30 岁以下　2. 30—40 岁　3. 40—50 岁　4. 50—60 岁　5. 60 岁以上

三、征地前您家的主要收入来源：_____

1. 在家务农　2. 经商做小生意　3. 外出务工　4. 本地企业就业

5. 在周边地区打零工　6. 农村养老保险金（每月55元）

7. 其他来源　8. 无收入来源

四、征地前您家每年的收入约为：_____

1. 1 万元以下　2. 1 万—2 万元　3. 2 万—3 万元

4. 3 万—4 万元　5. 4 万元以上

五、征地后您家的主要收入来源：_____

1. 在家务农　2. 经商做小生意　3. 外出务工　4. 本地企业就业

5. 在周边地区打零工　6. 农村养老保险金（每月55元）

7. 其他来源　8. 无收入来源

六、征地后您家每年的收入约为：_____

1. 1万元以下　　2. 1万—2万元　　3. 2万—3万元

4. 3万—4万元　　5. 4万元以上

第二部分：土地征用及其补偿

七、您当时是否同意征地：_____

1. 同意　　2. 不同意

如果您同意征地，主要有以下哪些原因：_____（可多选）

1. 原来也没耕种，可获得一笔补偿款

2. 征地后可外出务工，比种地划算

3. 可以搬进新社区或在城里买房

4. 配合政府工作，支持地方经济发展

如果不同意征地，具体有以下哪些原因：_____（可多选）

1. 征地补偿标准过低　　2. 补偿款未发放到位

3. 后续安置措施不到位　　4. 不愿意搬进集中居住的新社区

5. 没有固定职业和收入来源

八、征地时，当地干部做了哪些方面的工作：_____（可多选）

1. 告知征地原因和补偿标准

2. 召开群众代表大会，听取各方意见

3. 给有意见的群众做思想工作

4. 动员群众签订征地协议

5. 未采做任何工作

九、您认为现行土地补偿标准是否合理：_____

1. 合理　　2. 不合理

若不合理，具体原因是：_____（可多选）

1. 现在的征地补偿标准，比不上种地收入

2. 土地产值计算不合理，补偿年限较短

3. 村里面提留部分补偿款，集体土地利益分配不合理

4. 土地价值被低估，远远低于土地市场价值

5. 政府拿走了土地收益的大部分，农民收益较低

十、征地过程中，村组里是否存在矛盾和纠纷：_____

1. 存在　　　2. 不存在

如果有，主要有以下哪几个方面的表现：_____（可多选）

1. 对征地补偿款的标准不满意

2. 对土地补偿款分配方案不满意

3. 对村组提留及其使用情况不满意

4. 对补偿范围、补偿对象计算不合理

十一、当自家利益受损时，您有没有向有关个人和部门反映过情况：_____

1. 有　　　2. 没有

如果有，你采取的方式是：_____

1. 直接向村组干部反映

2. 通过上访向当地政府部门反映

3. 向新闻媒体反映

4. 利用法律途径维护权益

若您采取的是向村组干部反映或者通过上访方式解决问题时，得到的结果是：_____

1. 问题得到了比较好的解决

2. 问题没有得到解决，但当地干部来做过工作，自己没有再反映

3. 问题未能得到解决，仍在继续反映相关问题

4. 没有得到任何答复

第三部分：失地农民安置与服务

十二、您家获得的土地补偿款主要用在了以下哪些方面：_____（可多选）

1. 购买和修建房屋　2. 存入银行　3. 做小生意或投资创业

4. 日常花销　5. 其他

十三、与征地前相比较，您认为现在生活是否有改善：_____

1. 有改善　2. 没有改善

如果有改善，您认为主要表现在以下哪几个方面：_____（可多选）

1. 住房条件　2. 生活水平　3. 家庭收入

4. 教育医疗　　5. 道路交通

十四、您家土地被征用后，政府提供了以下哪些服务或保障：_____（可多选）

1. 就业培训或住房安置　　2. 农村低保　　3. 养老保险

4. 其他保障方式　　5. 没有任何服务或保障

十五、土地被征用后，您生活上还有哪些困难：_____（可多选）

1. 没有固定职业　　2. 家庭负担重　　3. 生活成本高

4. 养老无保障　　5. 不适应集中居住的社区生活　　6. 生活无困难

十六、您认为政府应该采取哪些措施，来帮助失地农民适应新的生活？